JN438594

다시올시선 _ 006

아름다운 거짓말

무불 장성운 시집

다시올시선 _ 006

아름다운 거짓말

무불 장성훈 시집

다시올

시인의 말

시간이 이리 흘렀나요?
처음 책을 만들던 때부터
8년이 다 되어가네요
모두 다 변했는데
난장이 아이처럼 아직도 난
그 시절에 머물러 있습니다
부쩍 커버린 세상 속에 자꾸만 작아지네요
그 이후 몇 권의 책을 내고
다시는 출판 않겠노라 했었는데…

사랑하는 모든 분들께
「아름다운 거짓말」을 보안 수정하여 다시 냅니다
거짓말에 '아름다운' 서술을 붙였던 치기
지금 내게 남아 있을까요?
도무지 아름다울 수 없는 그 거짓말이
왜 그 때는 그리 아름다웠을까요?
사랑하는 그대들, 그리고…

거짓말은 결코 아름답지 못합니다
거짓말은 거짓말일 뿐 아무 것도 아니지만
아름다운 거짓말에 아름답지 못한 거짓말
개정판으로 다시 내게 되었습니다

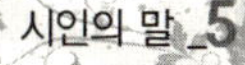

■ 서문 ■

긍정적이고 희망적인

태현 스님(음성 수진암 주지, 수필가, 불교명상음악가)

장성훈 그를 만난 것은 수산이라는 난생 처음 가보는 시골 외딴 마을, 강원도라는 영화에서 나오는 읍내보다 더 조용하고 조촐하여 촌로의 여름 햇살에 찌푸린 주름처럼 정겹고 가슴 저린 저잣거리 한 틈 작은 그의 사무실에서다.

그는 거기에 시골 노인들을 위한 작은 병원을 짓고 싶다고 했다. 자신의 현실과 꿈이 너무 동떨어져 있기에 용감하다고나 할까.

한 구석으론 존경심도 일어났다. 결국 그의 막연한 비전이 나를 작은 토굴의 좌부동에서 이곳까지 오게 했으니 그 원력은 분명 가능할 것이라 생각했다.

그리고 몇 년이 지난 현 시점에서 그는 그곳을 떠난지 꽤 되어 그의 손길은 아니었지만 결국 누군가에 의해 병원이 지어졌음을 보고 '꿈은 이루어진다' 고 외치던 올림픽의 열기를 되새기게 된다.

짧은 기간이었지만 그곳에서 우린 많은 인연을 맺고 풀었다.

나는 '상구보리하화중생' 이라는 거창한 대승사상을 빌어 내 어리석음을 닦고자 했고 그는 그의 삶의 방식대로 세상을 풀어보려 했다.

그의 지난 인생은 참으로 드라마틱했다. 그리고 그의 사상은 그 고난의 지난 생을 보냈음에도 불구하고 아주 긍정적이며 희망적이었다.

그의 글엔 인간에 대한 연민과 사랑이 있다. 그리고 솔직함이 있으며 어떨 땐 다소 거친듯한 어투로 우리에게 일갈을 가하기도 한다.

그의 시엔 심안이 있다. 또한 고뇌도 있고 아픔도 있다.

하지만 항상 희망적이다. 그를 위해 부족한 실력으로 그의 꿈이 이뤄지기를 바라는 마음으로 그의 시에 곡을 붙여 노래를 만들었다.

"그대 돌아오는 뒷모습은 노을처럼 고운가?"(당신이 아니면)

지금도 내가 아끼는 노래 중에 하나이다.

그는 분명 기독교인이라 했다. 하지만 그의 모든 생각은 불교적이며 우리나라 전통의 토속적이기도 하다.

사실 종교란 본질적으로 같은 것이지 다르다면 그것은 진정한 종교가 아닐 것이다. 어떻게 절대적인 존재가 따로 존재할 수 있겠는가?

그래서 그에게는 종교의 모양은 중요치 않다. 그의 주변은 목사, 스님, 신부님, 무속인 등등.

그가 평소 가지고 있는 철학처럼 모두 화합하는 세상을 추구하는 모습을 엿볼 수 있다.

가끔 생각 없이 저돌적으로 행동하는 면도 없지 않지만 그것 또한 그의 순수함이 덜 세속화됐음의 다른 모습일 것이다. 이런 그의 인간적인 모습은 이 작은 시집 속에 잘 녹아있다. 이 중에 나의 눈길을 잡는 시가 있다.

> 아빠! 보름달 이예요.
> 아니 아직은 아닌데
> 둥근데요?
> 조금 덜 채워졌잖니
> 전 그래도 보름달 같아요.
>
> –「막내의 보름달」 중

여기선 부자지간에 세상을 바라보는 시각의 차이를 아주 정겨우면서도 다정하게 표현하면서도 그 이면엔 인간이 각자 가지고 있는 고정관념과 사상의 틀을 고집하는 우매함을 적나라하게 꼬집는 패러독스도 담고 있어 개인적으로 마음이 많이 가는 시다.

그리고 마지막으로 던지는 그의 쓴 소리는 과연 산은 산이 아니고 물은 물이 아님도 모르는 주제들이 산에서 산을 본 줄 알고 물에서 물을 본줄 착각하며, 세상을 휘젓는 어리석은 증상만增上慢 이들에게 일갈을 가하는 호기로 시작하여 자본주의와 물질만능주의에 물들어 이젠 영혼까지 팔고 있는,

소위 말하는 지도층이나 지식인들에게 일침을 주는 감로수와도 같은 메시지를 던지고 있는 것이다.

다시금 지나온 발자국을 여미며 부디 이 주옥같은 글이 많은 이에게 전해져 그가 평소에 말하던 진정 자신이 바보인지 모르고 사는 '바보들이 사는 세상'이 이뤄지길 바랍니다.

✠ 차례 ✠

아름다운 거짓말

제 2부 - 같은 길을 걸어요

 차례 

아름다운 거짓말

3부 떠오르다

제 4부 – 추억을 주우며

제 5부 – 쓴소리

✤ 작품해설 ✤

빛과 어둠

살얼음

함부로 오지 마라
나락의 무게조차 견딜 수 없다

스치는 인연에도
함께 자맥질하려는
숨은 기다림

그대 무료한 날
산이 흐르고
백색 광란狂亂이 손짓하여도
이곳일랑 건너지 마라

여기는
홀로 부서지지 못하여
뉘인가를 기다리는
숨겨진 함정일 뿐

결코
길이 아니다

충주호에서

이게 아닌데 이게 아닌데
물빛그리움 보이려던 이게 아닌데

목까지 차오르는 기인 기다림
끝끝내 호를 채우고 넘실대는 파도
면경 닮은 수면에 드리우는 고운 풍광
이걸 원한 게 아닌데

당신의 화사한 한 날에
호사스런 고백하려던 이건 아닌데

다 비우고 알몸으로 서서
천년을 울었던 내 깊은 속내
그저 온전히 보이고 싶었는데
앙상하게 말라버린 골
내 지난 질곡 다 보이고 싶었는데
바람으로 와서 비인 자리로 흐르길
원했는데
그리하여 당신,
온전히 그대 모습으로 흐르고 싶었는데

오늘 아침에는

새벽 네 시
꿈처럼 일어나서 호박잎을 삶고
남은 여린 순에다 두부 성둥 썰어서
한 달 전 음성 장에서 한 종지 사 두었던 된장
기억처럼 풀어놓고
오랜만에 아침식사를 준비하고 있어
얼마만이야 대체

베란다 창으로
참, 할 이야기가 많은 가봐
항상 이렇게 조잘대고 있었겠지
나뭇잎 사이 수풀 속에서
제각기 다른 새의 지저귐

압력솥에서 밥 끓는 소리
온방으로 흐르는 된장찌개 냄새
괜스레 고이 잠자는
막내의 볼을 토닥이다가
촉촉한 기분이 울컥 가슴을 흘러
안아보고 쓰다듬어보고
아직은 다섯 시 오십구 분

일상을 시작하기에는 조금 이른데
그리움이 먼저 하루를 열고 있었나

밥상을 차리고 있어
저만치 따돌려 두었던 찬들을 꺼내고
풀죽은 호박잎도 준비하고
식탁 한가운데 된장찌개를 올렸어
아침식사 준비는 끝난 것 같은데
빈자리는 아직 채워지지 않았어

안개 낀 도시만 흐린 눈으로
바라보고 있어

이런 아침

헤이즐럿 향기 가득한 베란다에서
긴 밤 고운 꿈꾸고 깨어난
새들의 환한 노랠 듣고 싶어

자귀나무
산처럼 자라던 그 잎새로
어린 분홍 꽃
망울망울 이슬 영글고
노란 호박꽃 부푼 미소로 맞아주는
아침이면 좋겠어

출근 길
아파트를 나설 때
먼 발치에서도
하얀 손 나비마냥 팔랑거리면
블루진 부르스
지지탑의 노래 듣는 것처럼
흥얼흥얼 어깨춤 으쓱댈 것 같은데

아이의 손을 잡고
좋은 아침이야 빙그르르 소리치면
메밀꽃 행복하게 피어나는
좋은 아침
참 좋은 아침

폐선의 노래

모두 잊었나

오가던 작은 길엔
바람에 쓸려와 뿌리내린 잡풀만 무성하고
이따금 허공을 가던 물새 몇 마리
잠시 나래를 접고 머물다가 떠날 뿐

달마다
보리쌀 댓 바가지씩 거두어 월삯을 대신하고
식전이면 채 식지 않은 누룽지 슬그머니 건네던
천수답 닮은 사람들의 모습 보이지 않는다
너른 신작로가 세상 길을 열고
산허리로 바람이 들고 나면서

기억 저 편으로
흰 구름만 저녁 연기 대신 굴뚝에 걸리면
붉은 사슬 온몸에 두르고 피눈물 우는데
죄다 잘 살아있니 몰라
살아 한 번은 만날라나 몰라

미련한 심사
처연하게 빈 가슴 채우며
죽지 못하는 모진 기다림

주문진항을 다녀오고

횟집 창으로 파도가 밀려왔다
몇몇은 바위에 부딪혀 절명하기도 했지만
오랜 세월을 더듬은 익숙한 군병처럼
나를 향해 달려들고

끝내 드러낼 수없는 치부만
겁탈당하는 수녀처럼 완강해
술잔에 숨어 허세의 각을 세워도
끝내 허름한 민박집으로 물러서야 했다

사층 민박집이 망루가 되고
재우지 못한 의식은 초병이 되어도
한 밤도 채우지 못한 어설픈 저항
가슴으로 온통 파도의 숨소리를 들어야 했던 밤

질긴 목숨은 그래도 살아
아무렇지 않은 듯 되돌아왔지만
벌써부터 속으로 태동하는 발길질

지우지 못할 잉태
파도의 자식이 자라고 있다
그 밤 이후

빛과 어둠

곁에 두고도 서러운 먼 인연

헤지다가 만나는 해질녘
그 심사
누리에 피눈물 흘려도
넘치기야 할까

알아
그래 알아
버릴 수도 없는
취할 수도 없는
이 저주받을 사랑

목련나무의 사랑

살아 당신을 보고 말았다

저만치
언덕너머 길은 멀고
초췌한 몰골 위에
태양이 오르면
떠밀려온 시간으로
늦은 계절이 걸린다

먼 곳만 우러르던 사시의 생
어찌하여 진작 당신을 보지 못했나
어찌하여 이별의 길목에서
부신 뒷모습을 보고 말았나

가슴마다 빼곡히 흰 멍이 들고
힘없이 내리는 시름의 낙화에
때 저문 해는 서쪽으로 가는데

어찌하여
사랑하고 말았나

목련이 질 때

이리도
미치게 고운 날
깊은 밤에 떠나라

한 철도 묵지 못한
허튼 인연
통속적인 이별의 인사는 말자

순사하지 못하는
거짓 눈물이여

내가 당신이 아니고
당신이 내가 아닌
남겨진 설움

온밤 내
비는 내린다

막창구이 집에서

술을 마셨지
소주는 투명하고
막창은 바람소릴 내었어

쉬이이 쉬이이
한 점음도 먹지 못하고
바라만 보는데
그 놈의 고독이 냉큼 달려와
헛제사밥 먹듯 하고
식곤에 편한 양
자리하질 않겠어

막창은 타고 있는데
당신은 없는데
닮으라는 소주 빛은 닮지 못하고
그리운 가슴만
막창처럼 울더라

하릴없는 고독
떠날 줄을 모르더라

월곶 그 바다

소래라 했다
월곶이라 했다
바다가 왔다가
쉬이 가지 못하는 곳

새벽 두 시에
바다만 남겨두고
집에 돌아와 누웠다

참
고맙다는 말도 못했네

그래도 바다라고
조그마한 체구
커다란 귀 열고
내 푸념 다 들어주었는데
참부랑 참부랑
조개껍데기만 던지고 왔는데
아무 말 없이 안아주던

월곶
그 바다
다시 그립다

술꾼의 노래

어젠 참 많이 마시고
마신 만큼 토하고
토한 만큼 아파서 당신을 불렀다

영육의 상처
강처럼 깊어지면
당신 채울 수 있을까

골목 어귀
눈도 없는 외진 곳에서 난 아팠다
칼로 베이듯 쓰려오고
뿌리 잃은 꽃처럼 너부러지면서
치유될 수 없는 죽음이고 싶었다

그 비인 자리에
온전히 당신을 채우고 싶었다

아버지

삼 년 병구환에 효자 없다고
서울 간 자식들
더는 보지 못하고
마른 기침소리 가을 한낮에
푸진 피붙이 그리면서 떠나가셨다

사는게 저승보다 낫길래
이 물고 가슴치며
몇 번이나 떠나는 넋을 잡으셨을까
어디 일천주야 헤이도록
화탕 지옥, 끓는 가슴
한 호흡, 무딘 칼날
피 토하는 삶이 좋으셨을까

무거운 짐 벗듯 가셔도 되었으련만
끝내 눈감지 못한 미련
가이 없는 당신의 부정인 줄
이제야 알겠습니다

신파극

아득한 이여
한 때
삶의 이름을 대신하던 이여

서슬퍼런 세월의 단죄
임의 사랑마저
이별의 기요틴*에 베어버렸습니다

나는 눈 잃고 귀가 멀어
무정한 동풍에 한 점 부서지는
비목이 되었습니다

때되면 언 땅에 새 볕 들지만
윤회마저 사라진 지금
남겨진 시간은 의미 없습니다

안식의 뜰에 갈대마저 사라지고
일 없는 빈 바람만 가득합니다
훗날 임이 꿈으로 오신다해도
황폐한 흉가에는 머물 수 없겠지요

천형이라고 이름 마셔요
운명이라고 말씀 마셔요

우수마발*
버려지는 미물이어도
한 때 임과의 기억이 있는 한
행복이어요

*기요틴: 프랑스 혁명 때에 기요탱이 발명한 사형 집행기구
* 쇠똥, 말오줌

같은 길을 걸어요

고백

살아가는 동안
가장 명징한 빛으로 천둥소리로
원초의 세포마저 흔들고
문득 잊히면 그대로 멈춰지는
여린 생의 주체여

목까지 차올라
끝끝내 죽음과 악수할 지라도
추호도 까딱 않는
모진 그리움
밤마다 하얗게 불러도
드리우지 않는 상심의 그림자

단 한 번, 단 한 때
기쁨 아닌 적 있던가
단 한 번, 단 한 때
슬픔 아닌 적 있던가

그리움아
사랑아 내 영혼아

알고 있어요

말하지 말아요

심중 깊은 곳에
거칠게 치오르는 하얀 파도는
당신이 아니면 무엇 때문인데요

수족관 위 로즈마리
작은 한숨에도 알싸한 향으로
보듬어 줍니다

내 깊은 절망을
어느 별빛이 전했던가요
신열에 떨고 있는 이마 위로 그윽한 쑥향
어느새 먼 길을 한달음에 오셨네요

삭풍이 나목을 스치고
회색 울음이 도시를 휘돌아도
내 작은 탄식이면
찰라에도 곁에 머무는 당신의 향기

그걸 무어라 이름하는지
알고 있나요

사랑을 그리다가

곧 죽어도 좋을 사랑이고 싶었다
한 점 미련 없이 불사르고 싶었다

한 사람이면 사사로워지는 세상살이
오직 그대만으로 충분한 사랑이고 싶었다

초라한 몰골로 그대 창에 기대어
오돌오돌 떠는 가난한 사랑이고 싶었다
그대 떠오르는 간절함에
몸서리치는 전율이고 싶었다

단 한번이라도
하얀 가슴팍을 붉게 붉게 물들이며
오직 단 한 번, 원 없는 노래 보내고 싶었다

이 밤
그리움 다하여 노여움 되고
끝내 절망으로 남아버린
도리 없는 사람의 사랑을 꿈꾼다

누구 잘못인가

그날 이후
속절없이 그리운 사람이 생겼다

무료했던 여름날에
한 줄기 비였던 사람아

고개 숙인 풀잎 후두둑 흔들고
반가운 몸짓이야 아랑곳없이
다시 제 자리로 돌아간 사람아

별마저 스러지는 가로등 아래서
눈물보다 서럽게 외로워지는 건
그대 때문은 아니라지만

그대 흐르던 자리 골이 패이고
공연히 빈 하늘만 바라보고 있는 건
그대도 까닭 없다 하진 않으리

짝사랑

검은 밤에
검은 그림자로 선들
당신이 알까마는

하얀 대낮에
하얀 꿈으로 선들 당신이
알까마는

밤이건 낮이건
당신이 모르는 모습으로 서 있어도
이토록 좋기만 한 걸

당신은 알까 몰라

아름다운 거짓말

지겨운 이야기를 합니다
제일 아픈 이야기를 합니다
세상에 가장 허튼 이야기를 합니다

내가 당신을 사랑합니다
내가 당신을 사랑합니다

눈물겹게 아름다운 거짓말이여
죽도록 가증스런 거짓말이여

당신이 거슬려

흐린 불빛 아래 보이진 않지만
분명 손가락 마디 끝에
가시가 박혔어

그렇기에
이렇게 거슬리는 아픔이 있겠지

도무지 눈 가리고
아니 보아도 가시처럼
자꾸만 떠오르는

당신이란 사람

같은 길을 걸어요

까만 밤인데요
별마저 없는 그런 밤인데요

사랑한단 한 마디 하지 못하고
죽고 싶단 한 마디 하지 못하고

소름처럼 돋아나는 그리움 때문에
길 잃은 낙엽 한 잎 보도를 구르면
어쩌면 당신일까

뒤돌아보면
긴 한숨 끝으로
묻어오는 죽음의 그림자

하루에도 몇 번씩
산이 되는 두려움 때문에
부서지는 나를 견딜 수 없어
도망치고 싶어도

언제나 밤이면 이 길을 걸어요
언제나 밤이면 당신을 기다려요

순간을 살아도

노래여 이름이여
기억 한 켠 영원히 남겨진 무수한 사랑이여
미리 헤어짐을 슬퍼하지 말자

불타던 믿음도
돌아보면 부끄러운
감미로운 고백도
때가 되면
한 점 낙엽마저 되지 못한다고
미리 돌아서서 외면하지 말자

할 수만 있다면 해볼 일이다

살아 꽃 한 번 피우지 못하고
살아 바람 앞에 흔들리지 못하고
눈물 한번 맺지 못하는 건
차라리 죽음보다 못한 것

눈짓 한 번에도 선혈이 낭자한
뜨거운 피 심장에 휘도는
그런 삶으로 살아볼 일이다
순간을 살아도

당신께 드려요

아무 때 떠올려도 좋은 사람이 있습니다

한밤
낙엽으로 흔들리고 나목으로 시려도
꽃처럼 웃을 수 있는 건 당신 때문이랍니다

만나고 헤어지고 헤어지면 만나는
인연의 강을 우리는 모릅니다
그 거센 강줄기는 먼 땅의 이야기

이따금 그리운 날에는
바람으로 그대 창을 지나고
그대는 어둔 밤하늘
고운 별로 다가옵니다

말하지 않아도 알고 있어요
가슴에 더운 피가 흐르고
귓가를 지나는 가을 노래도 당신의 것인 줄

떠나지 말아요
이별 없는 세상, 당신께 드릴게요

인연이란

머언 먼 날에
무수한 빗방울로 제각기 살다가
낙하의 숱한 길 중에
같은 길을 걸어
한 줄기 빗물로
떠밀려가지 않았을까

아니 어쩌면
아주 머언 먼 시공 전에
흑암마저 구분 없던 혼돈의 날에
우주 어느 모퉁이 제각기 유랑하다
우연히 마주한 먼지로 만나고
작은 행성으로 함께하다가
빛도 없이 그저 소멸되지 않았을까

아니 어쩌면
심해 깊은 곳 유기물로 흘러
끝없는 진화 뒤에
그대는 다른 몸 세포로 자라고
나는 또 다른 몸을 빌어 육신으로 살아서
끝내 인연의 정점에서 마주하지 않았을까?

헤일 수 없는 전생
어쩌면 그렇게 함께하다가
한번은 맺어야 할 운명으로
마주하지 않았을까

어쩌면 연의 마지막에서
붉은 단풍처럼
끝끝내 지는 건지도 몰라

자화상

늙은 이리의 울음 칼처럼
온 밤 휘젓고 있다

내 영혼 이 밤 어딜 다녀왔던가
무슨 죄 짓고 바삐 돌아왔기에
한 서린 울음 끌고 왔는가

유랑의 증거처럼 흐트러진 저 난발
어느 기슭 어느 골목
어느 가슴을 그리 모질게 헤쳐 두었기에
밤새 울음은 창을 떠나지 못하고
흉한 저 몰골은
거울 속에서 뿌옇게 서 있는가

왜 이리 호흡은 가빠오고
온몸은 신열처럼 뜨거워지는가
또 뉘의 꿈자리에 치유못할 상처
새기고 왔길래

어떤 편지

어떤 편지 · 1

당신 모르지
나 요즘 바퀴벌레 겁내지 않아
나타나면 사정없이 짓밟아버려
두 손이 부족하면 발도 사용해
아주 천연덕스럽게…
당신이 그럴 땐
야만인이라고 놀렸는데 어느새
나도 당신처럼 되어가나봐
오늘은 잠결에 예림이가 울었어
이놈들의 바퀴벌레가 안방까지 들어왔나봐
커튼을 오르다가 아이 얼굴에 떨어졌나봐
벌떡 깨어 그놈을 압사시켜버리고
아무런 일 없듯이 다시 누웠는데
또 당신이 떠오르더라
아이의 거친 숨소리에 놀라 깨던 당신

아!
나도 당신을 닮아가나봐
할머니가 매일 식사를 차려주셔
당신은 모르는 이웃 할머니야
내가 힘들어서 그 할머니 손을 빌려
처음에는 아이들이 서먹해 하더니

지금은 하교해서 할머니를 먼저 찾아
금새 그리 정이 드는 걸
그러면서 불안하지
혹시 사는게 힘들어지면 할머니를 오시라고 할 수 없는데
쉽게 풀어두는 정만큼 쉽게 이별할 수가 있을까
지금 내가 편하자고 아이들 가슴에 혹여
또 다른 이별을 만들지는 않는 겔까

내일은 막내만 데리고 보문사에 가
절에 가는 거야
큰 아이는 싫다네 친구들이랑 있겠데
이놈도 서서히 떠날 연습을 하는가봐
당신이 잘게잘게 이별 연습하더니
기어이 떠나간 것처럼
아직은 조금 먼 일 같은데
막상 내 곁을 떠날 때는 갑작스런 이별에 당황할거야

매일을 자다가 깨어
잃어버린 무언가가 잠결에도 자꾸만 나를 깨우네?
당신도 한때 그랬던 거 같은데…
헤어지던 날 처음으로 내게 화를 내었지
당신 인생 찾아달라고

그런 거였어?
당신이 밤마다 깨었던 것이 그런 거였어?
당신의 잃어버린 세월 탓이었나?

나는 무얼까
당신은 아득한데
당신이 없어도 아무렇지 않은데
무엇을 잃어버려 밤마다 깰까
당신이야 분하고 억울한 맘 때문이겠지만
나는 분하고 억울할 거 하나 없는데
잃는 것이 있다면 당연한 것일 텐데
밤마다 불끈불끈 치오르는 것은
무엇일까 무엇 때문일까
아무 때나 당신이 떠오르네
당신이 그리워서는 아닌데
당신을 이해할 수 있을 것 같네
자꾸만 벼린 날이 무디어지네

용서하면 안되는데
어느새 당신을 닮아가는 나를 느끼면
그럴 수 있겠구나
그럴 수도 있겠구나

얼어버린 가슴에도 실개천이 흐르고
꼭 당신 닮은 사람을 그리워하는 건
도리 없는 세월인가봐
잘 지내

먼 훗날 우리 우연이라도 마주치면
가쁜하게 웃을 수 있게

어떤 편지 · 2

이미 당신에게 내 치부의 일면을 보였기에
새삼 가면 쓰지 않아도 되는 참 자유로운 후련함을 느낍니다
오늘 먼 길 다녀왔겠네요
전 오늘 먼 길에서 돌아왔는데
오랫동안 습관처럼 익숙해 버린 이방인의 길을 멈추고
제 영혼은 평범한 사고, 평범한 관념의 오두막
내 집으로 돌아와 있어요
비록 남루하고 초라한 내 안식일지라도
이제 더는 부유한 영혼을 흉내내면서 아무도 없는
나만의 식단을 차리지는 않으려구요

배고프면 고픈대로 추우면 추운대로 나와 다르지 않는 삶을 살아가는 사람들 속에서 같은 것을 공유하면서 느끼려고 해요 어쩌면 작은 안식에 머물게 됨으로 그 안식이 깨질까 염려해야겠지만 그것이 살아가는 사람의 순리라면 도리 없이 받아야하는 아픔일 거예요

어디서부터 시작할까요
무엇이 궁금해요
제가 당신을 어떻게 보느냐구요
당신은 저를 어떻게 만나나요
항상 소중한 것을 잃어야 했던 옛 흔적들이
지금도 가슴에는 상흔이 되어 남아 있어요

없어서는 안되었던 절대 절명의 소중한 것들을
늘 잃기만 했었기에 소중하다는 것은
곧 또 잃어야 한다는 두려움이 앞서는 것은
아마 당신처럼 순탄한 길을 걸어온 사람들에게는
알 수 없는 공포겠지요
잃을 것이 두려워 가만가만 눈치 살피면서
가슴 다 열고나면 당신의 가슴도 다 열릴까요?
단 한 번도 조건 없는 행복은 없더라구요
한 끼의 식사를 위해서 그 만큼의 노고가 있어야 했구요
하루 따뜻한 방을 위해서는 낮 동안의 희생이 있어야만 했지요 가물거리는 어린 날부터 그건 삶의 공식과도 같은 거였어요
남들은 그럴 거라고 의례히 그런 거라고 알고 살아온 제가 그저 당신에게 조건 없는 사랑을 줄 수 있을까요

당신은 저를 어떻게 보았을까요
예쁜 마루인형을 가지고 지내다가 어느 날
흉하게 생긴 처키인형을 더 가지고 싶다는 욕심
뭐 그런거 아니었나요
늘 기름진 고기만 먹던 사람이 어느 날 식상해서
보리밥이 생각난 것은 아니었나요?
늘 교실에 갇혀 지내던 아이가 따뜻한 봄날,

소풍가고 싶은 그런거 아니었어요
스스로에게 마저 확신할 수없는 다짐으로 늘 간절해야하는
굶주린 영혼에게 불을 지피면 보는 이야 행복할 수 있겠지만
숯이 되어버린 영혼은 누가 책임지나요?

소중한 것을 얻게 되면 다른 소중한 것은 잃게 되던데
당신보다 조금 더 살아온 제가 맞을 수도 있다면
당신은 다른 소중한 것을 희생할 수 있을까요?
처키인형 때문에 마루인형을 포기할 수 있어요?
어제 당신께 그런 말을 해야 했지만 적어도 제겐 늘 그랬네요
제게 그런 말 했나요?
사치스런 감정 접어야 겠다구요?
고작 그 정도에서 멈추게 되는 감정이
당신 스스로 사치스러운 감정이라고 고백한 그 감정이
제게로 올 때는 천둥이 되고 번개가 되는 거
당신은 알고 있었나요?
늘 그런 염려 때문에 한 번도
당신께 솔직한 제 마음을 열 수가 없었는데…
당신께 바라는 게 많을수록 당신 힘들어질까봐
딴청부려야 했던 제 투정을 어디까지 헤아리나요?
전 당신께 제 길로 가자고 손짓하지 못합니다

아직 저의 여정은 멀고 걸어온 제 길은 험하기만 한 걸요
돌부리에 채이고 가시에 찢겨 울지도 모를 보이지 않는 미래를 결코 당신께 부푼 풍선만 가슴에 안고 함께 가자고 하지는 못합니다
당신께는 비록 만족할 수 없는 현실일지라도
아직 머물 수 있는 당신의 터가 있는 걸요
내가 가지고 싶다고 해서 남의 것을 욕심내는
그런 용기가 아직 없기도 하구요

솔직하라구요?
감정에 충실하라구요?
그러면 당신이 다 보아줄래요?
그러면 당신은 다 안아줄 수가 있나요?
먼 산 단풍 보듯 타는 가슴일랑 유유히 관망하며 함께 타지도 못하면서 얼마나 당신 때문에 가슴앓이 하는지 보고 싶다구요?
그러면 당신이 행복할 수 있나요?
그리하면 무료한 당신의 가을에 유쾌한 에피소드가 될 수 있을까요
그런 걸 원하면 그렇게 할게요
오래 기다려온 걸요
기다릴 수 있지요

실낱같은 희망만 있다 해도 또 기다릴 수 있지요
가슴앓이 하면서, 행군하는 군병처럼 힘겨워하면서
여름 가뭄의 논바닥처럼 갈증날지라도

암울의 밤바다,
그 작은 불빛만 제게 보여준다면
전 기다릴 수 있어요
그러길 원하면요
그저 한 길에 서 있는 들풀일지라도
당신이 바라본다면 외롭지는 않을 거예요
그러나 그런 것이 아니라면 바라보지 않을 거라면
제게 피어 있으라고 하지 말아요

어떤 편지 · 3

당신은 보고 있으리라 아니 보고 있음을 안다
그림자처럼 쫓아다니는 이 유령의 실체가 그대라는 것을 알기에 당신이랑 진솔하게 이야기하고 싶어
아무런 걸림 없이 아무런 미련 없이
그저 내 삶의 지론을 말하는 거다
그저 인연의 고리를 말하는 거다

당신을 처음 보았을 때가 등단 리셉션에서였던가?
가물거린다. 아마 그런 거 같다
난 아무 느낌도 없었다
그저 누군가 튀는 여자 한 명 정도
누군가 그러더라
노래방에 톤 올라가는 거 보니 성질 지랄같겠다고
(웃자고 하는 말이다)
그리고 헤어지고 난 뒤
또 우린 만날 기회가 주어졌지
아마 충주 문학기행에서 였지
그리고 우린 또 어울려 문학 모임을 가게 되었지

헤어진 다음 날부터
내 작은 방 안에 바람이 불었지
알겠지만 그 때 나는 누이의 식당에 기거했었을 때였지

아이 엄마에게 아이들을 맡겨두고
혼자 머물던 때니까

그리고 내가 그런 대화를 했던가?
아무래도 당신인 거 같은데
이 시린 허전함의 정체가 당신이란 사람인 거 같은데
어쩔 것인가?
난 약속했지
내 유일한 이름 무불이를 걸고 당신에게 약속을 한다고
그 약속의 이야기야 말 안해도 잘 알지 않는가?
당신이나 나나 이 이름이 무엇을 의미하는지
당신이야 수시로 대화명을 바꾸는지 모르지만
난 이 무불이란 이름으로 곱거나 밉거나 개차반이거나
늘 같은 이름으로 살아가고 있음을 알 것이고

그리고부터 시작이었지
난 서슴없이 달려가고
당신은 정신없이 끌려오고 (이건 당신의 표현이다)
그로부터 두 달 정도 순식간에 많은 길을 걸었지
진행되던 모든 공사를 뒤로하고 당신이란 사람 하나면 충분했지
내 삶의 목표가 당신이 되어버린 것 같아서

결국 어느 하나를 포기해야 하는데
그건 충주에서 내 삶의 모든 것들이었지

당신이 버리라길래
그 무수한 내 시들이 한순간에 날아갔다
그 사랑시의 주체들에 대한 당신의 의심 때문이지
시인에게 시란 무엇인지 당신이 알아야 한다
명색이 시인이라면 시인에게 시란 생명만큼 자식만큼 소중한 것임을 알아야 한다 그래도 당신이 버리라길래 난 버려야 했다

그 후 난 아무런 까닭도 목적지도 없이(이제 느끼는 거다) 그 척박한 땅에서 오염과 먼지 속의 공단에서 지내야 했다 헤어지고 홀로 바다가 보이는 원룸에서 아무도 찾지 않는, 아무도 없는 당신이 말하는 진짜 고독을 몸소 체험하게 되었다

잊혀질만하면 다시금 시작되는 우리
우리인가 싶으면 떠나는 당신
아는가?
난 가끔 당신이 악마처럼 느껴지기도 했다
내 삶을 가지고 장난하는구나

당신이 날 죽이고 싶었다면
나 역시 당신을 죽이고 싶도록 미웠다
그런데도 당신과 끝난 것이라는 생각이 들면
세상의 빛도 모두 사라져버리더라
미련 때문에 다시 찾아오는 당신을 보면
당신의 표현은 길들여지는 거라고 했나
그래 길들여지는 거 맞다
난 길들여진 우리 똘똘이였다
당신이 오면 마냥 기쁘고 신이 났었다
제발 당신과 헤어지고 싶은데 죽어도 당신은 아닌데
혹여 헤어지고 나서 당신이 그리워지면 어쩌나
당신이 보고파지면 어쩌나 만약 당신이 진짜 내 사랑의 실체라면 어쩌나
그 두려움으로 난 한 번도 이별을 선언하지 못했지

이제 난 충주로 돌아왔다
제법 시간이 지났구나
사업이 꿈처럼 신나게 일취월장이다
신이 내게 주는 마지막 안식의 기회임을 안다
이제 우리가 다시는 만나지 않을 것도 안다
늘 이별이란 잘게 잘게 연습처럼 길어지는 것을
처음엔 일주일, 다음에 열흘
또 다음엔 보름

그리고 한 달
만남의 시간은 점점 멀어지는 거지
내게 이별의 연습은 충분했다
지난 시간 동안 당신과 일체 연락도 없었다
당신이 무엇하는지 관심도 없다
소 닭보듯 한다는 말
당신에 대한 나의 느낌이다
당신이 운명이었다면 그 이별 시간 동안
난 충분히 죽어있었다
하지만 난 살아있다

우리 겸허하게 서로의 이야기를 하자
내가 당신에게 원한 것은 무엇이었나?
오직 당신 하나 아니었던가?
당신은 무엇이었나
만나는 순간부터 서서히 헤어짐을 떠올리며
나를 엔조이의 대상으로만 생각했어
가슴에는 무수한 왕별들을 달아두고
늘 그들과 견주면서

그러나 알아야 한다
당신에게 소중한 건 이별 뒤에 남겨지는

미련에서 발견되었던 걸 당신도 인정할 게다

머물러 있는 현실 어디에서도 당신의 행복과 이상은 없었어 잡고나면 그저 기왓장에 지나지 않았지

그리고 기왓장이라고 아무렇지 않게 말하고 다녔던거 아주 잘 알고 있지 내 속한 문학회 쪽에도 소문이 돌았더구나

씀씀이가 헤프고 당신은 헤어지고 싶은데 매달린다고

당신과 적어도 내가 함께 움직이던 그 문학회에서는 사실 당신이나 나나 그만 탈퇴해야 할거야 당신을 보면서 나를 떠올릴테고 나를 보면서 당신을 떠올릴 그들은 또 숱한 궁금함으로 나를 물을테고 그러면 당신은 당신의 입으로 당신의 정당성을 부여할테고

당신으로 인해 깊은 심해 아래 빛도 없이 지내면서도

사람들의 기억 속에 당신과 내가 잊혀지길 원했는데

당신보다 훨씬 인기를 먹고 살던 내가 오직 당신을 향한 배려로 잊혀지길 원했는데

아무래도 당신이 나보다 두꺼운가보다

이제 당신에 대한 무엇도 남겨진 게 없는 지금

나도 당당하게 기지개 켜고 신나는 문학활동 다시하련다

이 작은 공간을 계기로 내 원래 자리로 돌아가야겠다

허나 우리 피차간에 시인인 척 하지는 말자

썩은 영혼들에게 잘못된 칼은 사람 잡는 거니까

당신이나 나나 세상의 악이다
당신은 나를 선택하지 말아야 했다
나를 너무 몰랐구나
내가 세상에 떳떳하게 말할 게 있다고 했다
난 당신을 원했고 당신은 헤어지길 원했다
우리 한번 말해보자
당신이라는 하나 외에
무엇이라도 내가 욕심내야 할 당신의 무엇이라도 있나
당신이 우월하고 안하고는 우리 말하지 말자
드러난 실체적 현실에서는 당신보다 우뚝하니까

의심의 찌꺼기는 당신에게 있었는데 늘 날 의심했지
아무 짓거리도 할 수 없는 온전히 오픈되어 있는 일상인데도
늘 베일에 싸인 건 당신이었지
당신을 드러내어 자랑하던 나와
나를 숨기던 당신
누가 누구를 의심해야 했나

요즘 수시로 교류하는 문인들에게 전화로 물어본다

나 말야
내가 잘못된 거야?

가만 생각해보면 하룻밤 사랑으로 지나도 좋을 사람이었던 거 같애

그녀들은 내게 그런 것을 원했나봐

근데 난 모르겠어

다른 넘들은 두집살이도 잘하고 술집에서 돈으로 하룻밤의 쾌락과 교환도 하더라만 난 대체 자고나면 책임져야 하는 사람이 되어버리니 도대체 뭐가 잘못된 거야?

친구들이 그러더라

그럼 잘못되었지

요즘 세상에 그런게 어디 있냐?

무불님도 그냥 그렇게 가볍게 즐기면서 살아

젠장할, 세상 드러워졌네

사람이 무슨 개냐?

아무하고나 뒹굴고 헤어지고

책임지지 못할 짓을 왜 해?

하기사 결론에 이르면 결국 헤어짐이야 같은 건데

다만 시간의 차이만 존재하는 건데

하지만 알아 둬라

제발 알아 둬라

끝나고 나서는 돌아보지 마라

그건 당신에게 장애만 될 뿐이고

누군가를 만났을 때 온전히 사랑하지 못하는 이유가 될테니 나 당신과 다르지 않다

문득 문득 가슴을 아리게 후비고 가는 느낌이 있다
그러나 내 삶과 바꿔도 좋을 만큼
사랑이란 이름을 걸어도 좋을만큼 당신을 원했음으로
이제 당신을 돌아보지 않는다
앞으로도 영원히 그 때처럼 당신 원하지는 않을 것임을 내가 잘 안다
당신이 아니었구나
늘 이별의 몫이 내게 있음이 그런 까닭이다

늘 한 잔 술에 만난 사람들
처음부터 단지 하룻밤의 쾌락이어야 했던 사람들
인간이길 원해서 책임지고 싶었을 뿐
그걸 원하는 게 아니었는데도 말이다
(모두 그런 것은 아니다 게 중에 몇이었겠지만)
그러나 누구도 부정하지 않는다
그 책임으로 인해 비롯된 사랑으로
늘 이별 앞에서 죽음을 떠올렸음으로 난 떳떳하게 말한다
당신이 사랑을 아는가? 라고
진정한 추억이 무엇인지 무엇이 미련인지

밤하늘 참 적조하다
별이라도 걸어두어야겠다
아름다운 왕별들을 말이다
그러나 당신은 없구나
별은 가슴에 두는 것이 아니다
가슴엔 사랑하는 사람을 두는 것이다

안다
당신도 이유가 충분히 있었으리라
그러나 마시지 말라길래 술도 거의 끊다시피 했고
컴 따위 하지 말라길래 거의 안한 거 같다
참 혐오스러워 하는 직업임에도 불구하고
당신이 하고 있는 일이기에 나도 학원신청을 하고
시험을 준비했다
난 당신을 이해하고 싶었던 것 뿐
당신의 직업을 전혀 선망한 적도 없었다

당신은 나를 얼만큼 헤아리려고 했던가
나의 일생, 나의 삶, 모든 부분을 부정하지 않았나
그치만 알아두라
당신보다 현실적으로 우뚝했던 사람도 나였고
늘 행복의 기쁨으로 살던 것도 나였다

당신의 일생은 나와 반대이지 않은가
미워할 사람 밖에
증오할 사람 밖에
헤어지고 나면 소중한 것인가 하는 미련으로
다시금 접근하는 나와는 아주 많이 다르다는 것을

난 헤어지면 고운 추억 외에 아무 것도 남지 않는다
일체의 미련도 없다
한때 죽도록 그녀이길 원했고
그녀가 아니기에 헤어지는 거였고
이미 충분히 사랑했음으로 남겨질 미련이란 없었다
언제나 이별을 선언한 건 당신들이었고
난 이별을 당한 사람이었다
그런데 다시금 미련으로 돌아보는 건
떠나던 당신들이구나

내 인생의 불행했던 시기가 있다면
유일하게 당신이다

추억의 언저리에도 머물지 못하고 명멸해버린 별이여
내 삶의 어느 의미로도 남지 못할 신기루여
부디 당신이 원하는 당신의 믿음이 이루어지길

그리하여 내 사랑하던 어느 여인
행복해하더라는 이야기를 듣는다면
당신의 선택이 참으로 현명했노라고
말해줄 수 있을 것도 같은데

어떤 편지 · 4

전 오늘 월정리 지나서 충주호를 돌아
마그실로 갈거예요
언젠가 당신께 말했던가요?
달 우물, 참 이름도 곱노라고
그 월정리 낚시터
난생처음 낚시터에서 낚시를 하던 날
그 주인아저씨가 찌 드리우는 방법이며 챔질하는 방법이며
떡밥 뭉치는 방법들을 알려주셨죠
정말 우린 그 밤에 포대에 넣어도 넘칠 만큼
터무니없는 횡재를 했어요
집으로 돌아오는 길은 왜 그리 멀었는지요
포대 속의 잉어나 매기들보다 제가 더 숨이 가팠던 걸요
죽으면 어쩌나 달리는 내내 흔들어 보고
결국은 식당 하는 누님식구들 포식시킬 운명이었는데

그 후 저는 월정리를 찾지 못했습니다
뻔한 길일 텐데 방향조차 떠오르질 않았습니다
그땐 많이 아팠거든요
아무데고 불쑥불쑥 돌부리처럼 부딪는 당신과의 추억은
모진 맘으로도 견디기가 힘들었습니다
많은 시간이 흐른듯합니다

제가 자취를 찾아갑니다
거기 작은 낚시터에는 금빛으로 튀어오르는
당신의 미소와 찬바람에도 깔깔대던
맑은 웃음소리가 여전히 반겨줄 거 같아요
그 낚시터, 정 많아 보이던 아저씨
혹여 절 기억하여
아! 그 초보를 가장한 프로 척사? 하고
아는 체라도 하시면 전 너무 기쁠 것도 같은데요

그리고 마그실로 갈게요
거기 눈이 예쁘다고 자랑했던 여자 친구가 아마
당신의 소식을 물을지도 몰라
그럼 뭐라고 말해주나요?
응, 그냥
그냥 두지 않을 거예요
헤어졌구나? 헤어졌구나?
집요하게 물고 뜯을거야
헤아려주면 좋을텐데

아무래도 마그실은 그만둬야겠어요
테라스 천막 위로 '토옥 톡' 떨어지던 빗소리의 향연
아직 제게 이른가봐요

당신은 아세요
밤하늘에 떠 있는 당신은 너무나 멀지만
내 사념思念의 우물에 비친 달은
나만의 것이라는 걸

누구라도
내 작은 호수에 꽃잎도 보내지 마셔요
가만히 두어요
이즈러지는 임의 얼굴은 볼 수가 없어요

어떤 편지 · 5

오늘 아침이었어
아니 어제 새벽이구나
잠깐 눈을 감고 잠을 청하는데
똑 똑 똑
아직 어두운 새벽을 가르고
또렷이 들려오는 소리가 있었지

누군가 문을 두드리는 소리
작은 탁음으로 울려도 알 수가 있었어

당신이구나
당신 맞구나
그래 올 줄 알았어
이렇게 꿈처럼 올 줄 알았어

주체할 수 없는 기쁨에
온몸은 굳어가고
당신도 그럴거야
그냥 잠결에 깨인 것처럼 내가 깨어나길 원했지
그랬길래 그리 잔잔하게 두드리지
자존심 세우지 말고
그냥 와

잠시 마실 다녀온 거처럼
그냥 들어와
당신의 자리잖아

아무리 기다려도 당신은 문을 열지 않고
난 또 기다림에 하얀 새벽을 맞고 있었지
용기가 없어 그냥 갔구나
문 앞을 서성이다가 그냥 갔구나
바보 같으니 내가 미웠어
아무렇지 않게 열어주고 반길 걸
웬 쓸데없는 자존심이람
너무 미워서 울고 싶었어

얼마의 시간이 지나고
조용한 아침을 흔드는 소리
다시 올 줄 알았어
자존심 죽이고 끝내 내게 올 줄 알았지
문 흔드는 소리 분명했어

부랴부랴
팬티만 걸치고 문을 열었어
당신을 환하게 반기려고

근데 알아?
막내 아이 수돗물을 덜 잠그는 바람에
욕조에 똑똑 물 떨어지는 소리
피곤하여 핸드폰 진동으로 바꾸고
알람시간에 떠는 소리
그게 그렇게 들렸네
그래서 웃었어

그랬구나
수돗물소리에도 당신이 있고
핸드폰 진동에도 당신이 있구나
어디에든 있었구나
멀리에서 찾았구나

행복의 조건

언제던가요
하마 스무해는 족히 되어 가네요

탄광엘 들어갔죠
흔한 말로 막장인생을 선택했어요
거기에서 참 가슴에 오래 남는 형을 만났죠
말이 없이 늘 혼자만의 시간을 가지길 좋아하던 형인데
유독 저하고는 대화를 많이 했어요
그 형이 들려주던 동화 같은 이야기예요
어느 가난한 부부가 살았더래요
아름다운 이야기에 가난은 필수 조건이지요
남편은 공사판에서 막노동으로 하루하루를 이어가고
아내는 지병 때문에 문밖 출입마저 할 수 없어
산꼭대기 판잣집에서 남편의 귀가를 기다리는 것이
유일한 기쁨이었대요
하지만 전혀 슬프지는 않았다네요
아내는 남편이 일 나가는 새벽에 도시락을 싸고
아침을 차리고 남편은 따스한 도시락의 온기에서
아내의 사랑을 느꼈다죠
해거름에 퇴근하는 남편을 판자 담 위로 까치발을 세워
눈마중을 나가면 남편은 아내의 눈빛만으로도
어깨에 걸린 피로를 다 지울 수가 있었다네요

그렇게 지내던 어느 날
여전히 아내는 아침을 준비하러 부엌에 들어갔지요
그리고 평소처럼 쌀독에 바가지를 긁는데
바가지에는 겨우 한 그릇 조금 넘을
소량의 쌀만 담기더래요
(근데 지금 와서 생각하면 아무리 생각해도 픽션 같아요
아니 항아리가 얼마나 깊기로 독이 빈 줄도 모르겠어요
그렇지만 제가 말하려는 건 쌀독의 크기가 아니니 그냥 넘어가자구요)
아내는 슬퍼졌더래요
남편이 알면 많이 우울해 할까봐
아침 일 나가는 사람에게 근심주기 싫었거든요
어찌되었건 막일하는 남편은 굶길 수 없고
한 그릇을 만들고 나면 남는 밥은 도시락에 겨우 반만 채울 정도였다는데
아내는 굶어야겠지요
"당신 왜 식사 안 해?"
"당신 가고 나서 천천히 먹을게요"
"왜? 어디 아파?"
'간밤에 선잠을 잤나 봐요 졸려서 밥 생각이 없네요"

뭐 이쯤으로 둘러댔었겠지요 속이 안 좋아서라는 말은 남편에게 근심이 될 수도 있으니까요

공사판으로 출근한 남편
점심시간이 되었대요
아내의 고운 얼굴을 떠올리면서 도시락을 열었대요
근데 그 도시락에는 하얀 쌀밥 위에 까만 콩으로
"I LOVE YOU"를 굵게 써 넣었다네요
쌀이 도시락을 싸줄 정도가 되지 않자
아내는 조그만 부엌을 샅샅이 뒤졌다네요
근데 부엌 한켠에 까만 콩이 한 주먹 남아 있었대요
그것으로 도시락의 비인 자리를 글씨로 채워둔거죠
아내의 아름다운 사랑
전 이제 알 것도 같아요
왜, 그 형이 그때 내게 그런 말을 했는지
행복은 조건이 아닌 본질이란 걸
나에게 행복의 방법을 알려주는 거였어요
그리고 그 형이 다음 해에 국가 보안법으로 구속되고
전 그 무렵 즈음 충북 최초로 탄광 노동조합을 결성하고
기어이 잘리고 서울로 가면서
젊은 날 아름다운 삶을 알려주던 스승과
이별을 해야 했죠

막내의 보름달

아빠
보름달이에요?
아니 아직은 아닌데
둥근데요?
조금 덜 채워졌잖니
전 그래도 보름달 같아요
조금 더 둥글고
이만큼 더 내려오면
보름달이 될 거야
그래도 예뻐

그래
그럼 보름달이지
늘 그렇게
넉넉하게 달 보듯 하렴
내일도 네게는 보름달이 뜰거야

보아도 보아도 이지러진 그 달
내 마음에 비친 달은
언제나 둥글지
아빠도 볼 수 있음 좋겠다
내일은 함께
보름달을 보자꾸나

딸에게

풀잎 닮은 아이야

가로등이 모로 눕고
이정표가 하늘을 향하던
그 밤
그 폭풍우에도 견뎌내던
아이야

여름날의 변덕처럼
비바리 날씨 같던 숱한 시련들
주렁주렁
앞마다 달아둔 아이야

부러지면 새로 피고
누우면 다시 서는
풀잎 닮은 아이야
차마 입 속 맴돌다가
삼키는 소망 하나

서푼 같은 애비
옥엽 같은 네게
꽃이 되어라 꽃이 되어라

추억을 주우며

추억을 주우며

벌써 18년이 지난 일인가 보네요
천리안에서 만났던
'비야' 라는 대화명을 쓰시던 안산 여류시인이 계셨죠
참 좋아하고 사모하던 분이었는데
늘 만나고 싶은 생각에 자다가도 벌떡 일어나 컴 앞에 앉고
그러면 그 분은 용케도 아시고 컴에 들어오시고
그 흔한 쪽지도 한번 보내지 않고 매일
〈문학의 선률〉 게시판으로만 일기를 쓰고 대화하고
그분만 있으면 전혀 외롭지가 않았죠
그 분은 제게 늘 왕자님이라고 부르셨죠
참 듣기 좋은 부름이었어요
어느 날 거리에 꽃이 고와 말씀 드렸더니
'루드베키아' 하고 알려 주시더군요
그 후로 전 루드베키아가 가장 좋은 꽃이었구요
그러던 어느 날 우리들의 이야기를 지켜보던 누군가
제게 정보를 주지 않겠어요
그 분을 본 적이 있느냐?
실례가 안 된다면 임의 나이를 알아도 되겠느냐?
지금 그 분의 모임 사진이 펜 넷 동호회에 있는데
아무래도 당신이 그렇게 사랑할 만큼
또는 당신과 어울릴만한 나이는 아닌데…

구절구절 기타 등등
궁금하던 차에 그 분의 사진을 보았죠
저 보다는 10년쯤 연상이신 듯 했지요
근데 아무렇지 않았어요
그러다가 그 분의 남편께서 저랑의 교류가 그리 탐탁지 않으셨던지 더 이상 저와의 교감을 허락하지 않았어요

왜 그리 보고 싶고 그리운지요
꿈에서조차 나타나는 그런 기분 알아요
그 후로 이차 저차 만날 수가 있었는데
물론 컴퓨터에서 였죠
근데 정말 비야님이 좋아지더라구요
걷잡을 수 없을 만큼

헤어지기로 했어요
컴퓨터에 들어가도 아는 척도 않고
게시판에 글도 올리지 않았죠
사실 몇 번 만날 기회는 있었지요
문학 모임이라든지 작은 음악회 같은 곳에서
근데 싫더라구요
어쩌면 제 환상이 깨어질까 두렵고
그 분 역시 저를 보면 실망할까 두렵고

그렇게 지금까지도 인연을 맺고 있죠
이런 저런 싸이트도 그 분의 초청으로 간 것이고 보면
인터넷에서의 무불이는 비야님의 실패작인 게 분명하지요
요즘 인터넷상의 문제들을 들으면서
문득 그 분이 떠오르더군요
아래 글들은 그 분과 제가 주고받던 글들이죠
추억삼아 자랑삼아 떠 올려 봅니다

아!
미리 말씀드려둘건
이건 그 분의 프라이버시를 침해하는 것도
저의 사생활도 아니랍니다
늘 자랑스레 게시판에서 주고받던 글들이었거든요

이런 사랑 한번 해보시라구요
물론 컴퓨터로만요

난…

무불

낙엽을 그릴 땐 늘 잎사귀 벌레 먹은 아픔을 그렸지
밋밋한 낙엽 싱거워 보여서 부러 그런 상처를 만들어 두었지

아주 가끔 내게도 고단한 짐을 지어주고는 해
치 떨리게 아프고 혀 물도록 견디기 힘든 그런 고통과
가슴 째이도록 날카로운 고독과 흔들리는 것에
무작정 반가운 그런 고립을 어디까지 견디는지
실험도 하지

눈 내리는 날보다는
동토의 땅, 풀 한 포기 희망조차 견딜 수 없어
꽁꽁 얼어붙은 극한이길 원하지

당신에 대한 그리움에 목메어
질식해 버리는 그런 그리움이고 싶은데
난 아직 살아 있어
난 아직도 당신의 전부가 아닌가보다
당신도 그럴테지만

넌

비야

아주 멀리가지 않으면
먼지보다 미세한 그림자로
호주머니에 들어앉아
한 번도 노출된 적 없이 하잘 것 없는
그 모습으로 남아 있을지라도
흔적만 남아 있어라

동동 걸음으로 걸어서
가난한 사람을 찾아가는 순례자여
멀리서 손짓하는 슬픔의 영상은
삶과 죽음의 수레바퀴 속에서
돌아가고 있는데
아직도 난 살아있지

빗속에서 속삭이더라도
천식보다 확실한 기침 소리로
폭음보다 더 크게
천둥소리보다 더 절실하게 들어라

제자리에 돌아오는
깊은 어둠의 소용돌이에 휘말릴 때
표류된 낡은 선박의 행로에
좁은 길을 내어주는 바다
넌 등대였다

춘천 다녀왔어요
김유정 생가 문학기행이었죠
옛날에 그가 심은 느티나무
그가 걸었던 산길에서 낙엽도 주웠어요
동백꽃이 생강나무라는 것, 새삼스러웠어요

그 노오란 낙엽에서 생강 냄새가 나
오염된 물이라지만
의암댐 주변 경관의 아름다움에 취하고
안개 속에서 그의 화신을 만났죠
절박하다고 나무라지 말아요
자신이건 자신이 아니건
흐르는대로 가야죠

당신만 읽어요

무불

오늘 사무실로
대답없는 전화가 몇번 왔길래
당신이라고 믿었어
종일 심란했었지

일도 잡히지 않고
그냥 그렇게 하루를 보내야 했어
당신이야, 그 전화?
문만 열면 펼쳐지던 계족산도
안 보이고
종일 전화만 바라보았어
먼저 말할 것을, 당신이냐구
그러면 덜 힘들었을텐데…

잔호흡 두어번에 끊어진 전화를
난 화두처럼 가지고 있었지
누구였을까?
당신일 거 같은데,
마지막 아이가 내게 전해준 말
사무실 전화번호를 물었다고
그래서 늘, 기다리고 있어
당신에게 난 먼지처럼 사소한 사람이지만

당신은 내가 유일하게
기다리는 사람
궁금한 사람
그리운 사람

잘 지내고 있으면 좋겠는데
아프지 않으면 좋겠는데
나 때문이 아니면 좋겠는데
너무 궁금해
우리 다시 만날 수는 있을까?
태풍이 지나고 구름이 개이면
아무렇지 않게 그렇게 만날 수 있을까

막연한 미래를 기다리는 것처럼
당신 전화만 기다리는 것을 알기나 할까
술이 깨면 지울지도 모를 이야기
오직 당신만 읽었으면 좋겠는데

당신은 사랑이야
그렇지 않고서야
가슴의 빛을 설명할 수 없어

사랑 밖에는

외면

비야

내 눈엔
당신만 보이는데
당신은 낙엽만 줍고 있네요

내 가슴엔
당신의 강물로 흐르게 하고선
당신은 구름으로 흐르고 있네요

이리 와봐요
바보라고 불러도 괜찮아요
늘 그 자리로
돌아오기만 하세요

그림자

무불

그럴리가 있으려구요 단 한 번도 그런 적 없어요
멀리 갈 수도 없구요 외면할 수도 없는 걸요
우리가 헤어진 적 있나요
그날 이후

다만 서로 보지 못할 뿐
마주보고 있어도 느끼지 못할 뿐이지요
늘 당신의 언저리에서 떠날 수도 없는 걸요
언젠가의 말씀처럼 당신이 빛이면 난 어둠이에요
한 번도 함께한 적 없지만 한 번도 헤어진 적도 없어요
당신은 제가 안보여요?
늘 언저리만 맴돌다가 지쳐 당신 아래 주저앉아
찬 대지만 벗하고 마는 체념
저녁놀이 붉으면 아름다워요
늘상 노을만 쫓으며 터무니없이 몸만 늘이는
내 그리움 알기나 하나요?
당신이 빛이면 저는 어둠이란 걸

늦게 집에 왔어요 요즘 너무 힘들어요
누가 그래요 배부른 사치라구요
일 넘치는데 왠 고민이냐고
천리안에 들어갔는데 당신이 없어요
오늘 좋은 하루, 잘 지내요

흔적을 찾아서

비야

봄비 내리는 창가에
우두커니 있다가
흙내음 묻은 발자국 소리에
문득 눈을 뜬다

가냘픈 소리가
등 뒤에서 훅훅 거려
돌아봐도 아무도 없건만
자꾸만
두 귀를 만지작거리네

아마, 당신일 게야
아냐, 당신이었지
몰라, 당신이겠지
그래, 당신이야

잊은 줄 알았더니
당신도 가끔
내 생각하고 있었나봐요
봄비 속에서 당신 냄새가 나더라구요

또 다른 흔적을 위하여

무불

햇살에 부서지는
잔영으로도
당신에게 머물고 있었겠지

문득 문득
잊었던 것도 아니야
문득 문득
죽어 있었을 뿐

오셨네요
제가 간 것이 아니라
당신이 오신 거군요
오래 오래 계세요
떠나지는 마세요

변질變質

비야

애초에 분쇄되리라 알았던들
멧돌을 피했을려구
네 뜻이 아닌 걸 알아

먹기에도 아까운
빨간 사과였다지
껍질을 벗겨내기 전까지
유독 너는 속살이 더러워지더라

태양이 뜨겁다고
알몸으로 다니더니
추운 겨울에 헐벗은 너는
대체 무슨 까닭이니

미워서 눈 흘기려고 했더니
돌아서는 뒷모습에
애처러워하는 나는
이 무슨 변질된 미움이더냐

사랑한단 말 한마디 못하면서
사랑을 만들어 가는 너
무심히 보고 있는 이 심사는
또 무슨 변질된 사랑이더냐

사랑의 꿈

비야

꿈꾸는 자의 아침은
늘상 작은 호주머니 속에서
판도라 상자를 열어요

꿈은 어둠 속에서도
밝게 볼 수 있어
걸어가도 먼저 달린 자를 앞지른
비법을 간직한 마술사 같겠지요

밤에도 무지개가 피어나고
창가의 달빛은
어머니 손길이 되어
노래하고 있어요

퍼내어도 줄지 않는
샘물 같은 꿈을 꾸어요
당신의 꿈이 악몽이면
내 달콤한 꿈을 가져가요
부드러운 입맞춤 한 번이면
꿈값으로 족하겠죠

불행한 사람이라고 여겨지거든
사랑을 만드는 꿈의 나라로 여행하세요
다발로 엮어 광주리 채
두 팔로 안아도 벅찬 행복을
아낌 없이 드릴 거예요

꿈꾸는 나는 깨어 있어도
꿈을 꾸지요

5부

쓴소리

산은 산이요

山是山 水是水
자 이제 오래 우려먹은 이 화두를 가지고 함께 이야기 해 보자
산은 산이고 물은 물이라
한자에 유념하자
왜 山卽山이라는 '卽' 자를 쓰지 않고 바를 '是' 자를 썼을까?
즉과 시는 차이가 있다
산을 보는 것은 같되 '즉' 이라함은 산을 산으로 보는
유물적 사고로 끝날 뿐이고
'시' 는 그대로의 것을 보되 바르게 본다는 것이다
즉 본질에 대한 이야기다
혹여 곧 '즉' 자를 쓰는 이들이 있다면 원 말과는 조금 다른 해석으로 보아야 한다
그런데 왜 "산은 산이고 물은 물이요"라고 화두를 던졌을까?
일체의 사물을 본질 그대로 보아주는 것
내 성향이나 내 주관적 시선과 상관없이 산 자체로 보아주는 것
그 것은 곧 존재의 긍정으로 이어지는데
존재의 긍정은 곧 각기의 본질을 인정한다는 것이다

심산의 꽃도 홀로 피지 않는다는 말과 일맥하게 되는데
저 홀로 피어나는 것이 아니라 내가 있어 피어남이요

나 또한 꽃이 있어 생겨남이니
그것이 바로 화엄의 세상을 말하는 것이다
공히 아름답고 공히 어우러지는
천한 꽃 귀한 꽃, 천한 군, 귀한 군,
더함도 덜함도 아닌 있는 그대로의 보아줌
내가 가지고 있는 일체의 학습과 관념을 버리고 온전히 그대로 보아주는 일
그 것은 세상 모든 것의, 존재하는 것들의 인정으로 이어지고 이윽고 나라는 하나의 객체가 일체의 것으로 바뀌는 것을 말함이다
이제 하나씩 이어가자
내가 우리가 되고 우리가 내가 되고
하나가 일체가 되고 일체가 다시 하나가 되는 이치
신과 인간과의 합일, 내 안의 불성이 이윽고 내가 되는 이치
산은 그대로 산이요
물은 그대로 물인데
거기에 무엇을 더하여 산과 물의 본질을 바꿀 수 있다는 말인가?
진리의 다름 아닌 서술이 바로 산은 산이요 물은 물이다
불성의 성현이 바로 물이고 산이다

1 더하기 1은 무엇인가?

서양적 사상에 의하면 1 더하기 1은 무조건 2다
더 이상 어떤 것도 받아 들이질 못한다
그런데 만약

1 + 1은 무엇이냐고 내게 물으면
명료하게 말한다
1과 1이다
1 + 1 = 2에는 많은 변수가 들어 있다
예를 들자
찹쌀떡과 찹쌀떡이 붙으면 하나가 된다
2가 아니다
물방울과 물방울이 더하면 여전히 하나가 된다
보는 이들에 따라 자기의 사고에 따라 2도 되고 1도 된다

그런데 1 과 1을 그대로 인정해버리면 더는 말장난과 논쟁으로 이어질 수가 없다

그 것이 본질이요 진리와 다름 아니다 1을 그대로 인정하는 것 그 것이 바로 산은 산이고 물은 물인 것이다

화평한 세상 속으로

살면서 숱하게 많은 일들을 겪고 보고 한다

무슨 사고 무슨 무슨…

지지고 볶고 싸우고 터지고

자! 본론으로 가자

요즘 이런 일들이 왜 생겨나는가?

근원적인 문제가 무엇인가?

안전 망을 치고 동물을 보호하고 방탄유리로 제 몸을 두르고 또는 무엇으로

무엇으로 안전을 강구한다

그럼 이것이 원인 치료가 되는 것인가?

천만에 그 것은 잠시의 처방일 뿐 근원적인 치유가 아니다

몸에 살이 박히면 겉에 있는 살만 자른다고 그 살이 없어지는가? 몸 안에 깊숙이 박힌 놈을 뽑아야 하는데 마치 외과에서 치료하고 나오는 격이다

무엇이 문제인가 짚어보자!

첫 번째는 시간이 문제다

신이 인간에게 준 속도의 한계는 아마도 30키로 내외일 것 같은데 세계에서 가장 빠른 100m선수가 그 정도의 속도를 내는가 그것도 온갖 과학을 총 동원해서 말이다

그 신이 준 속도를 거부하고 자꾸 빨라지는 것이 문제다

속도가 빨라짐으로 해서 모든 프로그램이 꼬이고

그것이 나 아닌 다른 모든 생명을 아프게 하는 것이다

어느 무엇을 들이대도 난 그것으로 연유한다고 확신할 수 있다

두 번째는 화식에 기인한다

신은 처음 사람에게 초식 동물로 만들어 두었다

사람이 점차 진화하면서(사실 이 진화라는 말이 맹랑하다. 진화란 발달을 의미하는 것인데 무엇이 발달했다는 것인가?) 어패류며 생선 등으로 먹잇감을 바꾸고 이윽고 육식 동물로 변했는데 함께 불도 사용하게 된 것이다

이것은 결국 지구의 모든 생태계가 재앙으로 이어지고 그것은 다시 사람에게로 와서 재앙이 되고 병이 되고 만 것이다

자! 이제 현재 우리가 앓고 있는 병의 원인을 알았으니 치료를 하자

어떻게?

천천히 사는 연습을 하자

천천히 가는 연습을 하자

한 방에 힘드니까 한 걸음 한 걸음 천천히 노력하자

두 번째
우선 불의 사용을 줄이자
가능하면 자연적인 식생활로 돌아가자
여전히 한 번에는 힘든 것
하나씩 하나씩
불을 줄이는 연습을 하자
우리가 이루지 못하면 그 다음 세대에
그 다음 세대가 못하면 또 그 다음 세대에
그러다보면 우리가 잃었던 에덴동산은
우리가 떠나야 했던 에던동산에
우리가 속해있을 것이다
그 화평한 세상 속으로…

하나님 오! 하나님

요즘 종교를 가진 이들에게 할 말이 아주 많다

특히 기독교인들에게는 더하다

주일이면 꼬박 꼬박 교회엘 가거나 예배당엘 가서는 갈 때마다 당신들이 믿는 그 하나님에게 무엇을 달라고 기도를 한다 그 것도 통성기도로 거의 떼 수준에 이르도록…

만약 내가 신이라면 속 시끄러워서 못 견딜 것만 같은데

과연 신이 당신들의 기도를 들어주실까?

자 이제 논리적으로 하나 하나 풀어보자

하나님의 존재란 무엇인가

성경에 이르기를 (미안한 일이다, 여러분들 스스로 성경이 믿음의 근원이고 하나님이 실체하는 증거라고 하였으니 나도 그 성경을 토대로 말할 수 밖에 없다)

나는 알파와 오메가요, 처음과 나중이니

또는 전지전능한 하나님이 이 세상 모든 미물조차 당신의 뜻대로 지으셨으니

이게 무슨 말인가? 나는 그 말을 온전히 믿으면서 그 말대로 세상을 이해하겠다

그렇게 완벽하게 정해둔 세상이라면

이 세상은 하나님의 프로그램에 의하여 처음과 나중이

이미 설정된 것이렸다

(어쩌면 우리가 말하는 예언자나 선지자들이란 혹시 그 프로그램을 몰래 컨닝한 사람들이 수도 있겠다)

그렇다면 어느 죽어야 할 위인이 간절한 기도로 하여 신이 응답하고 살려주었다고 치자

그러면 세상은 어찌 변할까?

아마도 여러분들은 '백 투더 퓨처' 라는 영화를 기억할 것이다

과거로 돌아가서 과거를 바꾸는 순간 미래는 엉켜진다는 것을

부정의 나비 효과, 또는 도미노 현상이라고 보면 된다

심산에 피는 꽃도 절로 피지 않는다는 화엄의 교리처럼 세상 모든 것은 하나의 톱니 바퀴들처럼 서로 연관성을 가지며 그 것으로 인해 세상은 굴러가는데 만약 누군가가 그 톱니바퀴를 부정한다면 세상은 온전히 다른 모습을 취하게 되는 것이다

그 것은 곧 세상을 당신 뜻대로 지으신 하나님께서 스스로 자기의 프로그램을 깨는 일이 되고 전지전능한 자신의 존재를 부정하는 것으로 이어진다 .

자! 누구든지 논리적으로 이 모순을 이해 시켜보라.

불교에서는 부처가 되어 해탈을 하면 인간사에 부처는 간여하지 않는다고 하는 것이 정설이다

그래서 숱한 보살들이 인간사의 염원들을 이루어 주는 역할을 대신하게 되는데 사실 모든 보살들이란 관념의 형상들로 인간이 스스로 빚어 낸 희망일 뿐 그 이상도 그 이하도 아니다

내 말이 참이라면 종교는 필요 없는 것인가?

꼭 그런 것만은 아니다

감사해야 할 일, 기뻐해야 할 일, 이제 당신들은 기도의 제목을 바꾸라

감사합니다, 감사합니다

범사에 늘 감사하고 내가 세상의 꼭 필요한 존재라는 것에 감사하고 그럴만하여 그럴만한 것이라는 것을 알게 된다면 고통이 있을지라도 그 것은 더 이상 고통이 아닌 흐름으로 이해될 것이다 그런 측면에서 종교란 필요하다

감사하고 감사하라
존재를 자각하고 늘 깨어 있으라
다시 한 번 이르노니
아름다운 것은 존재하는 것이 아니라
존재하기에 아름다운 것이다

당신은 충분히 아름다운 사람이다

세상을 이기는 힘

내가 참 잘 망한다

남들은 평생에 한 번 할까 말까하는 일들을 벌써 일곱 번이나 거듭하고 또 다시 재기를 한다.

사실 처음 서울에서 큰 유통업을 하다가 망할 때는 마침 아이엠에프 때라 적절한 변명꺼리가 되었는데 충격은 자살을 도모할 정도로 아주 아프더라

그리고 두 번째 망할 때,

그 때는 조금 덜 아팠고 세 번 네 번 거듭하면서

아픔의 강도는 점점 덜해갔다

물론 외형적 크기도 거듭할수록 작아지기는 했지만

그런데 묘한 것은 망하고 나서 그 망함을 인정하는 순간 금새 재기를 한다 어느 누구의 물질적 도움 없이도 혼자서 잘도 일어선다

그래서 망할 때마다 이런 생각을 하지

대체 저 양반(부처님이거나 또는 하나님이거나)이 나를 얼마나 큰 그릇으로 만들려고 얼마나 나를 사랑하기로 이런 고통을 주시나 하는 생각이 함께 따르고 처음엔 사업의 망함을 남의 탓으로 돌렸는데 거듭 될수록 내 안에서 나로 인한 것임을 알게 되었다

나와 거의 같은 시기에 망한 동생 녀석이

늘 누구로 인하여 또는 무슨 까닭으로 망했다고 원망을 계속하기에 가만히 한 시간여 동안을 설득했다

나를 봐라. 누구보다도 날 잘 알잖니? 내가 망하고 망해도 수시로 일어나는 것이 무엇 때문이라고 생각하냐? 그 것은 오직 진실과 내 안의 내 잘못을 인정하는 것부터였다

제발 일어서거라, 내가 도와줄테니 나보다 훨씬 더 커서 나를 도와다오

언젠가 나도 또 힘들어지면 네가 날 도와줘야 하지 않겠니?

지금 내 도움 부끄럽게 생각 말아라 너에게 나는 보험 들고 있는 중이다

누군가 너를 아프게 했다면 용서해라, 용서해라

용서하고 용서하고 끊임없이 용서하는 것 그것이 니가 이기는 길이다

지금 어떤 고난과 아픔이 있는 자들이 있다면 함께 들어라!

내 탓이라고 생각하고 모든 것을 용서해라

그 것만이 일어나는 유일한 방법이다

진실해라

그 것만이 세상을 이기는

유일한 힘이다

행복하게 사는 법

언제가 내 왕 팬이 되어버린 고명교회 김 목사가 이런 말을 했다 미국에 어느 선교사는 일생에 일만 번의 기적을 체험했다고…

그 말에 내가 이런 화답을 했네

겨우 일만 번의 기적을 가지고 자랑하기는

나는 수천만 번도 더 되오

관념적 기적이 아니라 누구나 누리는 그런 기적이 아니라

보아야 믿는 실체적 기적을 나는 매일, 그 것도 하루에 몇 번씩 이루어진다 .

지금 이 순간도 또 기적이 이루어지는 것을 느낀다

나를 아는 이들이 내게 묻는다

어떻게 그런 일이 이루어지지요?

나를 알지 못하는 이들은 뺑쟁이거나 정신병자 취급을 하고

나를 아는 이들은 그 기적들을 이해하지 못한다

아마도 내가 신에게 선택받은 사람 정도로 이해하겠지만

이제 내가 그 비법을 함께 나누고자 한다

엊그제 청풍 벚꽃 축제 공연 중에 〈소원을 빌어 봐〉라는 코너가 있었는데 관객들에게 페이퍼에 소원을 써 내라고 하고 박일화 선생의 선무가 시작되고 장미꽃 한 송이씩을 나누어 주면서 말을 했다

"자 ! 이제 여러분의 소원을 들어줄테니 조건이 있다.

그 조건이란 믿어야 한다. 무조건 믿어라.

장미꽃을 받는 순간이 바로 행복이란 판결을 받는 그 순간이다 0.1퍼센트의 의심도 해서는 안 된다

흔히 예수가 전능자라고들 알고 있지만 사실 그는 열쇠만 가지고 있을 뿐이다 만약에 그가 전능자라면 기적을 행할 때 "너는 나를 믿느냐?"라는 단서 조항을 달지는 않을 것이다

네가 나를 믿어야만 앉은뱅이는 일어서고 장님은 눈을 뜨고 죽은 자는 일어나게 된다는 것이 진실로 그의 힘이라면 그냥 눈을 뜨게 하고 일어서게 하면 되는 것을 왜 구태여 믿음이라는 조건을 달았을까?

믿지 않으면 일어나지 않는 기적

그 말은 곧, 기적의 힘은 예수에게 있는 것이 아니라 내 안에 잠재된 신의 능력이 발동하는 것, 내가 나를 일으켜 세우는 것 그 말이 된다

예수는 단지 앉은뱅이가 스스로 신임을 자각하지 못하기 때문에 예수라는 매개를 통하여 일깨웠을 뿐이다

내가 신이라는 자각이 있을 때 비로소 모든 기적이 일어나는 것이다 누구도 신이 되고 누구도 부처가 된다

아니 원래 부처이고 원래 하나님이다

내가 신인데 내가 부처인데 행복 따위 하나 쯤 기적 따위 쯤이야 어린 아이 손목 비틀기가 아닌가?

내가 매일 행하는 이 기적이란 내가 나를 믿으면서 일어나고 있다 그 것이 행복의 비결이다

이제 여러분이 구하는 것을 일체의 의심 없이 믿어라

믿어야 한다

이별 연습

근자 들어 이름이거나 숫자에 대한 이해가 형편없어 진다
주변 이들은 나이 탓이라고 하지만 기실 그런 것보다는
그런 것들에 대한 가치가 별 중하지 않기 때문이다
난 변하지 않을 것을 추구한다
그래서 사랑이란 단어조차 좋아하질 않는다
사람의 사랑이란 결국은 헤어짐을 동반하는 것이고 보면
영원의 만남은 존재하지 않는 것 아닌가? 누구더라?
"우리 조금만 사랑하기로 합시다"라는 시구가 떠오르는데
대뜸 그 시구가 떠오르자마자 내 일갈은 미친!
결론인 즉 헤어질 때 아프니까 그걸 대비해서 조금만 사랑하자 하는 그런 논리렷다. 참 맹맹하다.
아니 그럴거면 얼어죽을 사랑은 무슨… 만나지도 말지
얕은 내가 흐르는 그런 느낌의 시구다.
그런 식의 대비책은 무의미하다 .
사랑하는 느낌도 없고 올인하는 맛도 없다 .
그럼 어떻게 사랑해야 옳은가? 간단하다
이별을 받아들여야 한다. 생자필멸이요, 회자정리라
이런 도리 없는 순환이 아니던가
이별은 공식화하고 고정화하고 그렇게 사랑한다면
조금 사랑해야 할 얕은 수를 쓰지 않아도 된다
그 이별은 또 다른 만남이 된다
이별은 만남의 시작점이다

또 다른 만남을 위하여 이별을 하는 것이다
난 삶의 이별을 늘 염두에 두면서 살아간다
오늘이 지금 이 시간이 이별의 목전이다
그렇게 맘이 들면 미운 사람, 고운 사람도 없다
지금의 인연들에게 늘 최선을 다한다.
그러면 삶이, 세상이 아름답게 보인다
그리고 아름다워진다

자! 아름다운 인연을 위하여
아름다운 삶을 위하여
우리 이별을 준비하자

자유

자유에 대하여 생각했다

자유란 무엇인가?

인습과 관습, 그리고 물질에 얽매인 것에서의 일탈 그 것이 자유의 정의일 것이다

내가 좋아하는 사람은 내가 갈망하는 인간상은 바로 자유인이다 그런데 자유를 이야기하면 속된 말로 요즘은 싸이코 소리를 듣는데 뭐 틀린 말도 아니다 그러나 그런 말보다는 이방인이라고 하는 것이 외려 적당하지 않을까

물질에 익숙하고 명예에 치장된, 또 그리해야만 산다고 생각하는 사람들에게 어쩌면 굴레를 벗어난 삶이란 이해할 수 없는 영역임에 분명하다

사람은 나이가 들어간다 그리고 죽기 마련이다

죽음이란 무엇인가?

나이가 들어간다는 것은 또 무엇인가?

이제 우리 죽음을 죽음이라고 말하지 말자

죽음은 이윽고 모든 속박으로부터의 해방이다

그 것이 자유함이다. 누구에게나 도래할 그 참 자유 ,

그 죽음이라 불리우는 결말

나이가 들어갈수록 우리는 그 죽음

그 참 자유와 친해지려는 노력을 해야 한다

준비하지 못한 채 찾아오는 참 자유란 두려움이다

어찌 살아도 자유함은 오게 마련이고 누구도 피해갈 수 없는 새로운 만남을 위하여 미리 연습을 해야 할 일이다

규정과 굴레에 얽매여 사는 이 모든 것으로부터의 일탈을 노력해야 할 일이다

두렵지 않은 자유를 만나기 위하여

그 참 자유의 기쁨을 위하여 …

영생은 있는가?

여러분 중에 영생을 믿는 분이 있는가?

만약 영생을 믿는다면 어떤 형태의 영생이라고 생각을 하는가?

이 육신 온전히 가지고 영생하는 것인가?

아니면 육은 무덤에 들고 영이 살아서 하늘에 오르는가?

또는 이 형태가 아닌 다른 형태의 삶으로 윤회를 하는 것인가? 하루 살기도 버거운데 얼어죽을 영생이 무슨 소용이냐고 말하는 이도 있을 터…

그 다양한 물음과 답 중에 나도 하나의 가정을 한다

삶이 다하여 흙으로 간다면 과연 영혼은 구천을 떠돌다가

다시금 누군가에게로 가서 새로운 생을 피울 것인가

아니면 그대로 무가 되고 또 무가 되어 아예 지고 말 것인가?

이전 난 세상의 모든 것이 한정된 공간 안에서 이루어지는 에너지거나 또는 물량의 불변에 의한 변화일 뿐이라는 식의 논지로 글을 쓴 적이 있다 그래서 富가 넘치면 누군가의 것을 대신 더 취하고 있는 것이라는

단지 물질에 국한 시킨 예를 설명한 적이 있었다

그러나 그것이 어디 단지 물질적인 것에 한하랴

모든 것이 그렇다

이 육신의 이룸도 결국 밀폐된 세상의 용기 안에서 변화하고 무너지고 부서지고 다시금 일어나는 현상계의 법칙에서

자유롭지 못하다

나를 움직이고 '나' 라고 형상화한 이 몸 역시 결국은 온 곳으로 되돌아가고 되돌아가서 다시 꽃이 되기도 하고 나무가 되기도 하고 몇 몇 겁의 윤회 뒤에 언제가는 다시 인간으로 화하기도 하고 지수화풍의 근원적인 형태로 들다가 다시 나기도 하는 것이 아니던가?

그런 측면에서 부처는 통찰력이 빛난다

어떤 신앙의 뿌리를 들고 아니다라고 항변하여도 끝내는 그런 구조의 윤회에서 자유로울 수 없다

가령 예수가 장사한지 사흘만에 죽은 자 가운데서 다시 살아났다는 또는 나자로가 아마포에 싸여서 걸어나왔다 하더라도 결국은 그 육은 돌아가게 되어 있고 다만 영의 자락만이 남아 있다, 또는 멸했다 하는 분쟁만 있는 것일 뿐

사실 육은 여전히 윤회의 굴레 속에 있을 터이다

근원 적인 이야기다

그러면 영혼은 어찌 해결해야 하는가?

우리가 영혼이라고 이루는 이 것

이 앎의 것은 무엇으로 이루어진 것인지

그 것이 먼저 선행이 되어야 답이 나온다

흔한 말로 뇌세포의 작용, 학습의 효과

뭐 그런 논지로 풀어야 한다면 답은 간단하다

육신이 멸하면서 그 앎, 영혼이라 이르는 그것들도 함께 사라지는 것이다

그런데 참으로 맹맹한 것은 과연 이 앎의 현상들이 모두 학습과 과정과 주입에 의한 판단이기만 하다는 것인가?

누군가를 해하면 양심이 꺼리고, 누군가를 도와주면 기운이 승하는 이런 맘은 근본적으로 누가 알려 주지 않아도 누가 키우지 않아도 가지고 있는 성품의 문제는 어찌 볼 것인가?

간단하게 대표되는 성악설과 성선설의 이 근원적인 성품은 어디에서 기인하는 것인가?

본능으로 몰아가면 또 아주 간단하다

그러나 이 본능에도 모순이 발견된다

본능이란 사실 삶이 시작되는 순간 나를 위주로 나를 지키기 위하여 처음부터 함께 있는 유전적 형질인데

그렇다면 모든 성품은 악이어야 옳다

남이 아니라 나를 향한 것이고 보면

구조적으로 취해야 하고 이겨야 하고 누려야 하는 근원적인 구조가 삶인 까닭이다

그런데 양심은 그런 것이 아니다

아무리 정당한 내 것이라 하여도, 그 것이 만천하의 내 것이라 하여도 내 권리라고 공인되어도 그 것으로 인해 아픈 이를 보게 되면 가슴이 아린 것 또한 상정이다

그런 측면에서 본능을 기본적인 성품을 이해하기에는 무리가 있다 그래서 나는 영혼은 있다라고 생각한다

대체 이 것! 선악의 구분과 양심이라는 이 것

혹자는 그 것이 환경적인 구조에 기인한 것이라는 또는 자신도 모르고 받아들여진 기본적 성품이라고 할지라도 더 근원적인 것이 또 기다리고 있다

가장 원초적인 사고

그 사고는 어디에서 오는 것인가?

본능은? 양심은?

이 마지막의 걸림을 나는 영혼이라고 이른다.

성령이어도 좋다

이 영혼은 어떤 윤회나 어떤 굴레를 가지고

어디로 가고 어디로 오는가?

흔히 우리가 말하는 업

이 업의 공식대로 흐르게 마련이다

삼라만상이 모든 공식에 의한 체계이고 보면 영혼 또한 공식의 범주에서 이탈할 수가 없다

물질계의 공식이 아닌 영의 공식, 바로 업이다
선악의 굴레, 주고 받음, 쉬운 말로 부부는 전생의 악업을 씻기 위해 만난 인연이란 말이 있다
또는 불교에서 이야기 하는 연기론
또는 성경에서 자주 등장하는 선지자의 계시거나 선지자의 출현, 이 일련의 것들이 다 전생의 업으로 인한 현상일 터이다

이런 측면으로 보았을 때
영생은
육의 영생도 영의 영생도
윤회라고 하는 것은 있다라는 가정이 성립된다.

한 생, 길어야 백 년
남아야 몇 십 년
움켜쥘 것은 무엇이고 버릴 것은 무엇인가?
내생을 믿어야 할 때이다
오직 이 한 생만이 생이라 믿고 지금의 작은 희생이 무어 대단한 것이라도 잃은 양
울근불근 할 필요가 무어 있나?
현생에 베풀면 내생에 받을 것이고
현생에 누리면 내생에 주릴 것이야 상정일 터…

영생을 믿어야 한다
윤회를 믿어야 한다
업의 연속을 믿어야 한다.

헛소리

문득 댓글을 달다가 떠오른 단어
원죄, 무명, 해탈, 천국, 예수, 진리
그저 일 없이 성경의 예수가 한 말을 이리 저리 대비해본다
예수가 이르되, 내가 길이요, 진리이니
예수가 가라사대 나를 따르는 자는 죽어도 살겠고
예수가 가라사대…

불경을 보면… 여시아문
여시아문…
이와 같이 나는 들었다 .
이와 같이…

예수가라사대…
여시아문…
불경을 시작할 때 늘 등장하는, 이와 같이 나는 들었다
메시지를 전할 때 늘 따라오는 수식어, 예수 가라사대…
전혀 화자가 다른 이 말이
전혀 다르지 않은 같은 이야기로 들려오는 건 나만일까?
성경을 한 번은 접했을 터, 한번만 예수를 일러 예수라 하지말고 진리로 바꾸어 보라
진리가 말하되, 진리가 이르되…
어떤가 그 모든 것이 오히려 쉽게 다가오지 않는가?

예전 카이사르가 예수에게 진리가 무엇이냐고 물었을 때 예수의 대답은 말 없음이었다

그가 곧 진리였기 때문에 뭐라고 설명할 필요도 까닭도 또한 설명 자체가 불가한…

성경에 등장하는 아주 유명한 장면이다

불경은 구태여 들먹이지 않아도 된다

부처 스스로 열반에 들때

나를 의지하지 말고 진리에 의지하라는 그 말을 남기고 떠났기로 그 스스로 진리만을 믿고 따르라는 메세지를 주었으므로 우리가 충돌하는 것 중에 하나, 그 이유가 바로 이런 것이다

역시 육신의 예수를 너무 중시 여기는 기독의 풍토

이미 예수는 역사로 들었거늘 이천년 동안을 우려내야 하는 그가 무슨 탕약 재료도 아니다만 오직 사모할 것은 예수가 설파한 진리와 사랑이거늘 되지도 않는 서양 외모의 백색 인종 예수를 걸어두고 말구유에서 태어난 날, 내리지도 않는 눈을 내려 성탄을 축하하는 유물 적으로 흘러버린…

무엇이던 마찬가지다

눈에 보이는 건 작은 것이다

보이지 않는 것을 믿어야 옳다

성경에 이르기를 믿음은 보이지 않는 것의 증거이니…

형식과 굴레, 사람의 눈으로 보고 느끼는 그런 모든 것은 모두가 허상이다

극단적 선언을 해도 좋다

필연코 사람으로 인한 것은 사멸하는 구조일 뿐

내가 이전 종교적인 이야기를 자주하는 까닭은 단지 하나다

그건 바로 같은 목적을 두고 같은 지향을 두고, 수단이 다르다고 싸우는 폄하하는 그런 미련의 형태가 안타까운 까닭이다

사람은 천국에 갈 수가 없다

사람은 결단코 천국에 갈 수가 없다

그 원죄의 굴레를 무명의 굴레를 벗어나지 못하는 동안 사람으로는 결코 천국에 이를 수 없다

예수로 말미암아 예수의 보혈로 정케하였다는 말, 제발 착각하지 말라

예수와 같지 않고는 어느 누구도 천국에 이르지 못한다는 전제가 뒤에 따라 붙는다

예수여 예수여 하는 자마다 천국에 가는 것이 아니요

오직 진리를 따르는 자만이 천국에 이를 수 있나니

예수는 그것을 여는 방편일 뿐 답이 아니다

기독의 착각이 거기서 기인한다

예수를, 형상의 예수를 너무 한정적으로 두기 때문이다

형상의 예수에서 이제 해방시키라

이천년을 십자가에 못 박아 두는 그런 고난을 이제 내려두라 예수가 원했던, 참 진리가 원했던 그런 세상을 보아라

무명을 깨고 불을 들어야 한다

내 안에 나를 일깨우고 사람이 사람답게 사는 것이 과연 무엇인지를 알아야 한다

사람이 사람답게 산다는 것은 일체의 모든 것을 함께 존중해야 하는 그 모든 풀꽃 하나하나가 똑같이 공히 중한 생명임을, 그리하여 그 장엄하고 숭고한 생명들과 함께 같은 생명의 무게로 함께 어울림을 인식하는 인드라 망의 구슬로 함께 영롱한…

진리란
세상의 모든 것을 인정하는 순간 보일 것이고
그 진리를 찾는 순간 결코 죽지 아니할
영생이 있을 터

시란 무엇인가

시를 쓴다는 것은 무엇인가?

소설을 생각했다

아무리 완벽한 시나리오로 글을 완성한 픽션일지라도

결코 넌픽션만큼 감동을 줄 수는 없다

작은 실제의 이야기들이 잔잔히 가슴에 맥놀이 치는 것은

거긴엔 진실이 묻어 있기 때문이다

이 글을 쓰면서 난 잘 아는 지기랑 평소의 지론을 이야기 한다 내 글의 완성도를 논하기 전에 내 글의 유치함을 구태여 드러내기 전에 그냥 늘 느껴 왔던 내가 글을 접한 이래 지속 되었던 믿음의 이야기를 하고 싶은 것이다

우선 시란 경험을 동반해야 할 것이다

그건 경륜이다

실체적인 체험으로 체득된 감정 예전 할머니들의 이야기 중에 이런 말이 있다

'칠월 고추는 눈만 흘겨도 녹는다' 라는

얼마나 멋드러진 말인가

빨갛게 익을대로 익은 농염한 고추를 더 이상 무슨 말을 더할 것이 있는가?

누가 일러 주지 않아도 연륜으로 표현되는 이야기

가시나무새의 전설을 알고 있을 것이다

가슴에 붉은 피 철철 흘러 목숨이 다할 때까지 고통에 못 이길 때 죽음과 맞바꾸는 울음

천상의 가장 아름다운 소리
그게 시가 아니던가

아름다운 사람은 아름다운 시를 쓰고 아픈 사람은 아픈 글을 쓰고 사랑에 빠진 사람은 사랑의 글을 쓰고 고립된 사람은 고독을 노래한다

완성된 시를 위한 전제 조건이 무엇인가
서슴없이 일러 말한다
미치거나 하나가 되거나 중요한 건 몰입이다
강을 보고 억지스런 미사여구를 동원하여 하나의 시를 완성한들 그건 잠시 찰라의 빛을 내줄 뿐 영혼 없는 육신처럼 살아 클 수는 없다
정말 강이 되고 정말 꽃이 되고 정말 개가 되는 그런 눈이 있을 때 아무도 보지 못한 것을 누구도 읽어내지 못한 본질의 색을 발견하게 될 것이다

오브제는 중요한 것이다 테크닉은 그 뒤의 일이다
아직 널 뛰지 못하는 선무당이 작두 위를 꿈꾼들 돌아오는 것은 걸을 수없는 상처만 있을 뿐 억지로 만들지 않아도 터지는 용암처럼 충분한 삶이 농축되어 있을 때 시는 그냥 퍼 올리기만 하면 되는 것일 게다

두레박질의 테크닉은 우물을 발견하고 배워도 늦는게 아니다 지금의 감정에 충실한 글을 쓰는 것 내가 믿음으로 행하는 것을 가장 명료하게 언어로 옮기는 일 그게 시가 아닐까

인간에게 가장 먼저한 예술의 장르

가장 원초적인 선물 누구나 할 수 있는 것이기에 누구도 도달하기 힘든 긴 여정의 동반 이것의 완성도란 결국 삶의 일치가 아니고는 함부로 평할 수없는 것일 게다

바보같은 생각

요즘 유가가 연일 고공 행진을 거듭한다

그로인해 모든 물가는 오르고 서민들의 주머니는 가볍기만 하고 만나는 이들마다 불경기라고 걱정들이다

인플레이에 대한 대책과 불황에 대한 염려들로 메스컴은 연일 시끌거린다

나는 월악 고개를 넘어 오지에 가까운 수산면에서 작은 건축일로 생계를 유지 하면서 살고 있다

하여 늘 농촌의 일상을 지켜본다

요즘 논과 밭에는 손길들이 분주하다

농산물 헐값에 대한 푸념들은 간데없고 이런 저런 모종 심기에 여념이 없다

젊은이가 떠나 버린 이곳에는 'ㄱ' 자로 꺽인 등 위로 무거운 세월의 짐을 진 어른들이 때 이른 더위에 축축 늘어진다.

한 삼사년 전이던가

공사대금 대신에 고추로 지불 받은 적이 있었다

그 때 고추 시세가 사백 그램에 오천 원이었던가, 셈에 밝진 못하여 정확하게 기억하긴 힘들지만 아마 그 정도였을 게다 그런데 얼마 전 또 비슷한 일로 고추를 받게 되었는데 외려 그 때보다 싼 사천 원 정도였다

내심 '내려가는 것도 있네, 그려' 했는데

문득 농촌의 년소득이 얼마나 될까 하고 되지도 않는 셈을 해보았다

한 가구당 대략 농사짓는 땅이 사오천 평 정도이니 어림잡아 적어도 한 평당 땅값이 삼만원 정도로 해도 기본 투자금이 일억은 훌쩍 넘었다

거기에 농기구며 기타의 것들을 합치면 실제 투자금은 그보다 훨씬 많을 이 억원 정도는 될 게다

거기에 두 내외가 일년 열두 달 뼈빠지게 일해야 고작 일 년이면 이리저리 투자비 빼고 막상 손에 쥐는 것은 오백만원 정도라고 한다

그나마도 이런 실정은 형편이 좋은 농가에 해당되는 말이고 거개 빚만 가리면 성공한 것이라는 자조적인 체념들이 주류를 이루고 있다

어떤가 ?

참으로 어리석고 바보스럽지 않은가?

최저금리도 받지 못하는 자본금의 투자에 육체적 노동까지 더하고 겨우 일 년에 오백만원 정도거나 또는 빚가림도 버겁다면…

그러나 알아야 한다.

지금 유가의 고공행진에 불안해하지만 더욱 심각한 것은 식량이다

사람으로 살아가는 동안에 가장 기본 적으로 필요한 식량, 이 식량을 외세에 의존한다면 그건 곧 생명을 의존하는 일이다

생명을 다른 국가에 담보하는 일은 주권의 이양과도 다름이 없으며 FTA에 맞서는 시위가 끊이질 않는다

세계화 시대에 맞춰 농산물도 개방의 물결을 피하지는 못할 것이다 그러나 수입은 하되 쓰지 않는다면 문제는 간단해진다

그것은 곧 애국의 길이고 민족의 존엄성을 지키는 유일한 길이며 힘없고 빽없이 나라를 지키는 농부들의 길에 가장 든든한 동참이 될 것이다

농자천하지대본
관념이 아닌 실제적인 일갈이다

거짓과 술수가 판을 치는 세상에 의식도 소명도 없이 그저 주어진 삶에 묵묵히 순응하는 바보들, 농부들이 존경받고 잘 사는 세상을 바란다면 이 또한 바보스러운 생각이랴?

밥은 곧 생명이다

문학의 정체성에서 새로운 돌파구를 찾아주는 시적 카테고리

-누구를 사랑한다는 것은
신성한 마음의 눈을 갖는 것이다.-

■ 서평 ■

문학의 정체성에서 새로운 돌파구를 찾아주는 시적 카테고리

- 누구를 사랑한다는 것은 신성한 마음의 눈을 갖는 것이다. -

이 양 우(계간 《문예춘추》 《문학과육필》 대표)

요즈음 문학의 카테고리를 말한다면 문학인은 많아도 문학정신의 투철성이 모자라는 현상을 보이고 있다. 그런 시대에 문학의 내적 가치를 형성하는 시학의 시야를 꿰뚫어 보는 눈, 그 눈을 가진 시인이라면 박수를 쳐주어야 한다.

내가 잘 아는 무불 장성훈 시인은 혼불 같은 정신적인 진실성을 구가 하는 참신한 정서면을 갖고 있는 시인이다.

시집 『아름다운 거짓말』을 상재하는데 나더러 촌언을 얹어 달라는 부탁이다.

시의 구조構造란 상상력 즉 상징성, 그리고 표현력 즉 의미전달성, 그리고 구성력 즉 은유와 정신성, 이렇게 대변할 수가 있다.

이를 세분해서 설명하자면 길다. 그래서 이정도로만 언급을 하고, 장성훈 시인의 시적 카테고리를 훑어보고자 한다.

진실은 숨어 있는 의지다. 사랑의 눈으로 보면 숨은 진실은 나타나게 되어 있다.

꿀벌이 암흑 속에서 일하는 것과 같다. 나무뿌리가 땅속에서 자라는 것과도 같다. 사랑의 눈으로 보면 만물의 일체가 상징성, 표현의 내면성, 비유의 정신성, 그런 것들이 한눈에 보인다.

장성훈 시인의 시 「살얼음」을 보면 "// 스치는 인연에도/ 함께/ 자맥질하려는/ 숨은 기다림// 그대/ 무료한 날/ 산이 흐르고/ 백색 광란狂亂이 손짓하여도/ 이 곳일랑/ 건너지 마라//(「살얼음」 중에서)" 이 시에서의 뉘앙스는 살얼음적인 사랑의 나락 끝을 자조自嘲하는 비웃음이다. 홀로 부서지지 못하여 뉘인가를 기다리는 숨겨진 함정이라고 하는 표현은 상징 속에서 자아 고뇌를 퍼붓는 격이다.

고독, 슬픔, 진정할 수 없는 세계에 대한 파토스다. 어느 누군가에 영혼에 대한 갈급한 심정의 회오悔悟의 토로라 할 것이다.

「오늘 아침에는」 이 시를 읽어 보자, 듬성듬성 솎아서 연결하면서 이야기를 털고 싶다. 이 시를 읽으면서 가슴 쓰림을 느낀다.

새벽잠이 없는 건 생리적 현상이라기보다는 근심걱정이 많거나 고뇌에 잠긴 영혼의 불안정 때문이리라

장성훈 시인의 성찰 속에 고독은 바로 이어지는 현실감정이다.

"새벽 네 시/ 한 달 전쯤/ 음성 장에 한 종지 사 두었던 된장을/ 기억처럼 꺼내어 풀고"라는 전말은 오랜 만이라는 시간적 공간을 내재하면서 자기 탄식을 투여한다. 얼마만이야 대체, 하면서 숲 속에 지저귀는 새를 이야기 한다. 제 각기 다른 목소리를 창출하는 새, 그리고 또한 자기 성찰 같은 소재로 "압력 밥솥에서 밥 끓는 소리/ 밥을 밀어내고 온 방을 흐르는 된장찌개 냄새/당신을 위한 아침이고 싶어/ 늘 받기만 했던 사랑"(「오늘 아침에는」 중에서) 갈급한 언어의 조망眺望이다. 새소리와 된장찌개 끓는 소리와 아기자기했던 사랑의 추억들을 한 곳으로 집약한다면 이 이 이야기는 제각기 다른 것 같지만은 않다.

바로 장성훈의 심정 자체라 할 것이다.

자기 환경의 미화가 아니라 진정한 아픔을 토로함이다.

행복한 환경에서는 된장 끓이는 냄새나 소리도 향기고 음악일 것이다. 그러나 불행한 가슴을 안고 사는 사람의 마음이라면 그 소리 또한 괴로움이다. 옛날의 생각이 밀려오고, 그 행복했던 순간만 떠오른다. 그 비애가 가슴을 치는 고통으로 잔혈孱孑한다.

"아침 식사 준비는 끝난 것 같은데/ 비인 자리는 아직 채워지지 않았어."라며 안개 낀 도시만 흐린 눈으로 바라본다고 하는 이 시인의 비애감 어린 시적 애상哀想은 보는 이로 하여금 애처롭다.

장성훈 시인은 마음이 여린 분이라고 볼 수밖에 없다.

시어 하나하나를 더듬어보면 절실히 느껴진다. 부탁하고 싶은 것은 현실을 비관하는 것은 좋으나 자괴감自愧感은 갖지 말라고 당부하고 싶다.

슬픔을 이겨내지 못해 자학하는 것은 결국 자기 해악을 불러일으킨다.

> 어젠/ 참 많이 마시고/ 마신 만큼 토하고/ 토한 만큼 아파서 당신을 불렀다// 영육의 상처가/ 강처럼 깊어지면/ 당신을 채울 수 있을 까// 골목 어귀/ 눈도 없는 외진 곳에서 난 아팠다/ 칼로 베듯 쓰려오고/ 뿌리 잃은 꽃처럼 너부러지면서/ 치유 될 수 없는 죽음이고 싶었다.// 그 비인 자리에/ 온전히 당신을 채우고 싶었다.
>
> -「술꾼의 노래」 중에서

너무 비관적이다. 사랑의 빈곤증을 앓고 있는 모습이다. 결여된 현재의 가족사적인 비애에서 흘러넘치는 곤혹스런 표현이다.

그리움의 병, 그리워 지친 넋두리, 골목길을 지나다가도 그때의 일들이 눈앞에 현실로 다가온다.

절망은 금물이고, 조절속도를 갖지 않고 단번에 5단 기어를 변속하는 것은 비애의 구렁텅으로 굴러가는 무제동의 참담함을 면치 못한다. 그런 면에서 장성훈 시인은 아픔을 심기일전하기를 기원한다.

> 파란 물빛 그리움/ 보이려던 이건 아닌데// 목까지 차오르는 기인 기다림/ 끝끝내 호를 채우고/ 넘실대는 파고/ 면경 닮은 수면에 드리우는 고운 풍광/ 이걸 원한 게 아닌데// 중략// 다 비우고/ 알몸으로 서서/ 천 년을 울었던 내 깊은 속내를/ 그저 온전히 보이고 싶었는데/ 앙상하게 말라버린 골/ 내 지난 질곡을 다 보이고 싶었는데
>
> -「충주호에서」 중에서

이 시가 주는 의미는 나르시스적 환상이다.

기다림에 기다림에 호를 채운다는 표현, 그리고 충주호 특유의 풍광을 비춰보면서 아리따운 상대적 그리움을 비춰보

려는 시인의 남다른 비애, 절절한 아픔이다. 고백이다. 독백이다. 한의 노래이다.

비인 자리가 그렇게 장성훈 시인을 아프게만 한다. 보기에도 안타까워 눈시울을 적신다.

> 소름처럼 돋아나는/ 그리움 때문에/ 길 잃은 낙엽 한 잎/ 보도를 구르면/ 어쩌면 당신일까// 필자 자신으로서도 아이구 소리가 난다. 어쩌면 이렇게 잊지 못할 슬픔일런가 뒤돌아보면/ 긴 한숨 끝으로/ 묻어오는 죽음의 그림자
>
> –「같은 길을 걸어요」 중에서

밤을 향하여 어둠의 길을 향하여, 별이 깜박이는 허공을 향하여, 등불 꺼진 길을 스쳐가는 시인의 오뇌懊惱가 안타깝고 애처롭다.

너무도 마음이 여린 까닭일성 싶다.

강하게 마음을 갖으라고 권고하고자 한다.

정이 많은 사람이다. 정이 많은 사람은 이리 굴러도 슬프고 저리 굴러도 슬프다.

마지막으로 한 편만 더 애기하고자 한다.

장성훈 시인의 시들은 눈물의 엑기스다.

모두가 그러하다. 그러나 이를 다 꿰어서 구구히 설명하지 않는다 해도 몇 편의 시로 대변하여도 이해할 수 있는 면을 갖고 있다.

> 한 철도 묶지 못한/ 허튼 인연/ 통속적인 이별의 인사는 말자/ /중략// 내가 당신이 아니고/ 당신이 내가 아닌/ 남겨진 설움// 온 밤 내/ 비는 내린다
>
> –「목련이 질 때」 전연 생략

촉촉 하다. 목련처럼 고운 날을 그 누라 싫어하랴! 그러나 쉬이 피고 쉬이 떠나는 허튼 인연, 통속적인 이별사, 너무 아쉽고 그리운 시간, 어쩌면 이 시가 장성훈 시인의 아쉬움이다.

장성훈 시인의 상징성은 고독이고, 번뇌고, 이별의 아픔이다. 그 아픔은 그리움으로 점철된다.

시가 눈물이 없다면 시적 의미를 상실한 듯 할 것이다. 요즘 시들을 보면 무슨 정성분석 학이나 정량분석 학이나, 화학반응을 연구하는 논문식이거나, 사회비평 같은 시어들을 나열하는 시적 외의 시들을 많이 대하면서 이 장성훈의 시를 비교한다. 시는 서정적이고 메마른 대지에 촉촉한 단비 같은 분위기라야 한다는 사실은 부정할 수 없을 것이다.

이런 면에서 시인 장성훈의 시는 생경하지 않고 친밀성이다.
관념적이지 않고 구체성이다.
현실을 내다보는 눈이 있다.
그리고 촉촉한 이슬의 속성을 갖고 있다.

정체성에 비하여 새로운 형태의 문학성을 돌파하는 작품으로서 자기 내면을 적극적으로 파헤쳐 보인다. 그리하여 응어리진 비애들을 진실하게 토로하는 바라.

참으로 좋은 시인이라. 내내 건필을 빌면서 이번 시집을 축하하고자 촌언을 붙인다.

Jang Seong Hun

다시올시인선 006
아름다운 거짓말

초판인쇄 2011년 7월 20일
초판발행 2011년 7월 25일

지은이 | 장성훈
발행인 | 김영은
펴낸곳 | 다시올
출판등록 | 제 310-2007-00028

우편 | 139-050
주소 | 서울 노원구 월계동 382-55(중앙빌 2동 1호)
전화 | 070-7431-5941
팩스 | 031-855-5941
메일 | maxim3515@naver.com

ISBN 978-89-94414-15-7 03810

정가 9,000원